I0644025

MITTEILUNGEN DER KOMMISSION FÜR QUARTÄRFORSCHUNG
DER ÖSTERREICHISCHEN AKADEMIE DER WISSENSCHAFTEN

Band 7

Dirk van HUSEN (Herausg.)

DAS GEBIET DES TRAUNGLETSCHERS, OBERÖSTERREICH
EINE TYPREGION DES WÜRM–GLAZIALS

Schriftleitung: Helmuth ZAPFE

VERLAG DER
ÖSTERREICHISCHEN AKADEMIE DER WISSENSCHAFTEN
Wien 1987

Alle Rechte vorbehalten
ISBN 3 7001 1075 8
Copyright © 1987 by
Österreichische Akademie der Wissenschaften
Wien
Druck: Offset-Druck Anton Riegelnik
1080 Wien, Piaristengasse 19

INHALTSVERZEICHNIS

THE AREA OF THE TRAUN GLACIER, UPPER AUSTRIA – A TYPE REGION FOR THE WÜRM GLACIATION

Dirk van HUSEN (editor)

The following is intended to give a short overview of the main stratigraphic events as worked out by the contributors of this volume (I. Draxler, W. Klaus, J. Müller, J. Schneider, M. Sturm & D. van Husen).

During a field conference held from Sept. 11–20, 1983, in Bavaria and Austria by the Subcommission of European Quaternary Stratigraphy the area of the Traun glacier (Upper Austria) was chosen a type region for the last glaciation (Würm) in addition to the much more extended area of the Inn, Isar and Loisach glaciers (J. CHALINE 1984; J. CHALINE & H. JERZ 1984).

The main emphasis of this volume is to present the state of knowledge on the development of this area during the Würm.

After the last but one glaciation (Riß), during the last interglacial stage (Riß/Würm Interglacial Stage), and the beginning of the Würm the Mondsee basin (Plate 2) was filled by a lake levelling approximately 50 m higher than the recent one. Near the mouth of a small creek (Steinerbach) a sequence of lacustrine sediments was deposited. These sediments were unearthed during highway construction. Later, about 16 m were exposed again by digging and coring (W. KLAUS, this vol., Plate 1). The interglacial part of this sequence is still exposed along the Steinerbach. The climatic development recorded by the pollen content of this sequence indicates a very warm period during the R/W Interglacial Stage which was distinctly warmer compared with the Holocene. The boundary to the Würm is marked by the extinction of thermophile plants such as *Carpinus, Abies, Corylus,* and the mixed oak forest. This agrees well with the pollen record of Samerberg in the type region of the Inn glacier showing a very similar vegetational development along the northern border of the Alps at the beginning of Würm.

The lacustrine sediment sequence showing four cool stadial and warmer interstadial periods ends unconformably overlain by the basal till of the last glaciation. The radiocarbon age of 27,400 BP at the top of the sequence may point to a nearly complete record of the Würm (W. KLAUS, this vol.). The period of time lacking at the unconformity is indeterminable and will still be discussed.

Besides this sequence, no other sediments of the lower and middle Würm have yet been found in the drainage area of the Traun. Maybe there was no major sedimentation above the modern sedimentation level. However, glacial erosion was also so strong that more or less no Riß deposits are preserved apart from two small remnants.

The development during the upper Würm is well documented by sediments, pollen, and absolute datings (Plate 2, 6).

At the beginning of the upper Würm a rapid sedimentation of coarse gravel started in the southern part of the Traun valley (Plate 2, Bad Aussee). This gravel layer is usually overlain by the basal till mostly with a transition between the two. Only in some places is an erosional unconformity found. These gravels are in the same position as the coarse gravel at the stratotype of Baumkirchen. In both places they are "Vorstoßschotter" marking the deposition of upper Würm (Plate 6).

Following the deposition of the "Vorstoßschotter", an obviously rapid glacier growth occurred with two major source areas (Totes Gebirge, Dachstein) and at least 7 tongues (Plate 3). These ice streams eventually shaped the valley and the overdeepened lake basins and left behind a thick blanket of basal till in some places.

At all of the 7 tongues the terminal moraines are formed in a characteristic way. There is a group of small ridges connected with a steep terrace marking the outermost extent of the ice (Maximalstand). The second group are well formed high ridges (Hochstand) connected with the main terrace (Niederterrasse). Both are the result of oscillation and not of a major retreat and readvance of the glacier because no weathering or interruption in the deposition of the tills are visible.

After a short retreat from the terminal moraines of the "Hochstand" marked by a group of end moraines, rapid ice decay took place according to the sedimentation record (D. van HUSEN, this vol.). During this event the ice streams lost around 50 % of their lengths. The further development and ra-

diocarbon data (I. DRAXLER, this vol.) show that this downwasting of the outer part of the glaciers occurred very early, around 17,000 BP, generated only by a slight rise of the equilibrium line, and not by a major change in climate (D. van HUSEN, this vol.). The development after this event is characterized by at least 5 short readvances, each marked by terminal moraines and marginal deposits (Plates 2, 5, 6). Extended investigations of peat bogs and their underlying silts and clays together with radiocarbon dating allowed a reconstruction of the vegetational development during the period of 16–10,000 BP (I. DRAXLER, this vol.). All these results made it possible to work out the stratigraphic position of these 5 events (Plate 6).
A main event of vegetational development was when *Pinus* became abundant in the area at about 13,000–12,500 BP. This eventually helped in stabilizing debris and the glacial and glacigenic materials. Around 13,000 BP a distinct change in sedimentation from varved clays to well-developed biogenic production was recognized in the Attersee lake (J. SCHNEIDER et al., this vol. Fig. 11). This may have mainly been caused by the greatly decreased sediment input into the lakes in addition to a continuous amelioration of the climate. At the end of the upper Würm (10,200 BP) also the highest central part of the Dachstein was free of ice. Only three greater glaciers presently remain. On the valley bottoms and also in the lake basins the influence of extended mass movements as a consequence of glacial erosion is apparent (J. SCHNEIDER et al., this vol. Figs. 15, 19 and Plate 2).

CHALINE, J.: Compte rendu du symposium sur la "Stratigraphie Würmienne 1983". – Striolae 1984, 1, INQUA Newsletter No 6, Uppsala 1984.
CHALINE, J. & JERZ, H.: Arbeitsergebnisse der Subkommission für Europäische Quartärstratigraphie. Stratotypen des Würm-Glazials. – Eiszeitalter und Gegenwart, 34, 185–206, Hannover 1984.

DAS MONDSEE–PROFIL: R/W–INTERGLAZIAL UND VIER WÜRM–INTERSTADIALE IN EINER GESCHLOSSENEN SCHICHTFOLGE

Wilhelm KLAUS

(mit 2 Abbildungen und Tafel 1)

Abstract

A complete sequence of lakesediments comprising Riß–Lateglacial, Riß/Würm-Interglacial with a clear limit to the following Würm-Glacial with four interstadial climatic fluctuations is exposed in the vicinity of Mondsee in Austria. The basis consists of coarse Riß-moraine material. At the top of the sequence is the sedimentation interrupted by material of the beginning Würm-groundmoraine. The whole section was palynological investigated. No considerable hiatus of plantmicrofossil occurrence which could be caused by glaciation has been encountered during the whole Under- and Middle-Würm sequence, consisting of four stadiales and four interstadials. The highest Middle-Würm stadial („D") is the coldest one, exposing the lowest pollen density values. The Mondsee-Interglacial is exposed as complete sequence in the Steinerbach outcrop and consists of two distinct climatic periods. The beginning Riß-Lateglacial immediately above the Riß-moraine was climatically initiated by a gradually increasing temperature and interrupted by one short colder interval. The second higher part shows the generally known R/W-Interglacial-flora, considered to be stratigraphically identical with similar Bavarian and Switzerland sections and with the Eem-Interglacial of Northern-Germany. As important facts are to mention the early immigration of *Quercus,* followed by high quantities of *Corylus,* followed by *Taxus, Carpinus* and *Abies. Najas minor, Tilia tomentosa, Ilex aquifolium* certify one at least 2°C higher July medium temperature/than today. More humidity than elsewhere is documented by high percentages of *Picea* and *Abies. Fagus* is not yet present. In the complete section of the nearly located Pichlerhang, the same R/W Interglacial flora has been encountered (outcrop and drillings) now followed by the whole Under and Middle-Würm section (see Diagram).
The dawn of the majority of interglacial floristic elements, the increase of NAP, *Betula* and *Pinus* indicates the beginning of Würm-Period. At the beginning a few *Fagus* pollengrains do appear.
The first cold period is pretty short (Stadial „A") followed by an even shorter warming up. (Interstadial 1) mainly consisting of *Picea,* a few *Fagus* and a few QM-elements. A very short and not strong cold period (Stadial „B") presents besides NAP *Artemisia, Betula, Pinus, Picea, Larix.* Soon follows a warming up period (Interstadial 2) with highest *Picea* values and a few QM-elements. Blue vivianit occurs in the clay. After these two short but pretty warm interstadials follows a pronounced cooling up for a long period. The limit to the Middle Würm could be recognized here. Stadial „C" is characterized by consistent occurrence of NAP values especially with *Artemisia,* accompanied by steady and considerable percentages of *Pinus cembra* and low *Picea* values. I would call it the first Cembra-Stadial. It ends with an increase of *Pinus sylvestris,* indicating the introduction of a warmer climatic period, the Interstadial 3. It is not only the longest, but also the apparently warmest of all Interstadial periods entcountered, but never reached conditions of the preceeding R/W-Interglacial or values of today. *Picea* forest shows highest percentages still with a few *Larix*-pollen. But more important is the steady occurrence of *Quercus, Tilia, Ulmus, Acer* and a few grains of *Taxus* and *Carpinus.* The occurrence of a few *Fagus* grains is consistant in many samples. *Abies* is entirely missing. At end of period a ^{14}C-date reports about 36.050 y. b.p. The following cooling up is the most pronounced in the whole sequence. Stadial „D" is introduced by high *Pinus cembra* and *Juniperus* values and a lot of NAP. The sandy loam in the center is barren, but exhibits a lot of reworked material from Cretaceous and Old Tertiary. After increasing NAP-Series, *Picea* reaches again high values with occasionally *Larix* and introduced to the youngest Interstadial „4" dated according to ^{14}C with 27,400 years. It is the coolest interstadial with no QM-Elements present. Above that material ceases the sequence with an overlaying moraine material, indicating the Upper-Würm-period. Megafossils of plants are mainly found in the basal R/W-Interglacial.

Adresse des Autors: Prof. Dr. Wilhelm Klaus, Institut für Paläontologie der Universität Wien, Universitätsstraße 7/II, A-1010 Wien.

Einleitung

Vor dem Bekanntwerden der Mondsee-Sedimente und ihrer palynologischen Bearbeitung galt im Bereich der Ostalpen Schladming als das typische alpine Riß-Würm Interglazial (FIRBAS 1925). Diese Ablagerungen wurden charakterisiert durch das äußerst spärliche Vorkommen wärmeliebender Elemente wie Eiche, Linde und Ulme im Gegensatz zum deutschen Eem-Interglazial (SELLE 1941), wo aus der Mikroflora Temperaturwerte erschlossen werden konnten, die die heutigen übersteigen. Dies führte zur Annahme, daß in den Alpen kühlere Klimate im R/W-Interglazial dominierten. Auf die Ergebnisse von FIRBAS aus Schladming wurden zahlreiche Einstufungsversuche in Österreich begründet (KLAUS 1962), wie z.B. die Datierung der Torfbänder zwischen Rund- und Plattelschotter im Stadtgebiet von Wien, welche außer ganz vereinzelten Linden und Zirbenpollen auch die Lärche und die Fichte führten. Es schien offenbar auch am Alpenostrand während des „R/W-Interglazials" recht kühl zu sein. In dieser vom feststehenden Schladming R/W-Bild geprägten Situation erhielt ich neben vielen Einzelproben aus dem Salzkammergut, welche alle spärlich Pollen aus kühlen Klimaten führten, auch eine mächtige Profilsäule der Stiegelbräubohrung aus Salzburg, welche von Schottern der Friedhofterrasse überlagert wird. Ihr Alter wurde indirekt auf Grund der Auflagerung des Leopoldskroner-Moores bestimmt. FIRBAS hatte 1923 eine kurze erste Untersuchung dieses Moores durchgeführt und war zu dem Ergebnis gelangt, daß die tiefsten Torfschichten, welche dem Friedhofterrassenschotter auflagen, dem Präborial angehörten, somit die Friedhofterrasse selbst älter sein mußte, also etwa dem Würm-Spätglazial der jüngeren Dryas angehörig betrachtet werden kann. Daher war es für die zuständigen Geologen naheliegend die darunterliegenden Tone und Feinsande der Stiegelbräubohrung als etwas älter, nämlich als allerödzeitlich anzusehen.
Zur stratigraphischen Untermauerung sollte nun eine Pollenanalyse Klarheit schaffen. Die in diesem Gebiet ausgezeichnet versierten Geologen Dr. S. Prey, Dr. Schlager, Dr. Del Negro und Dr. Pippan empfahlen zunächst von zwei gesicherten Alleröd-Fundstellen palynologische Vergleichsuntersuchungen durchzuführen, und zwar einmal vom Torfmoor am Walserberg, in welchem ein ganzes Profil zu entnehmen war, und vor allem sehr tiefe basale Tone durch Bohrung gewonnen werden konnten, und zum Zweiten bot sich die Möglichkeit bei dem eben im Gang befindlichen Bau der Westautobahnbrücke bei Mondsee allerödzeitliche Seetonproben aufzusammeln. Das Torfmoor am Walserberg (KLAUS 1967) ergab tatsächlich ein ausgezeichnetes Holozän- und Spätglazialprofil, einschließlich einer deutlichen Allerödschwankung, wie man sie ja auch aus dem angrenzenden Bayern (FIRBAS 1949, SCHMEIDL 1971) kannte. Allerdings stimmt der Pollengehalt dieser Allerödschwankung mit jener, welche in der Stiegelbräubohrung angetroffen wurde (PREY 1959), keineswegs überein. So mußte man nun hoffnungsvoll auf die Pollenanalyse der Mondseevergleichsproben warten. Dr. Schadler war als oberösterreichischer Landesgeologe mit der Kartierung des Quartärs im Bereich der Autobahnbrücke Mondsee, welche den Pichlerbach, Steinerbach und Moosbach übersetzt, beschäftigt. Der unmittelbare Anlaß waren mehrere großflächige Rutschungen dieser Seetone und Schluffe, welche den Bau zunächst erheblich behinderten, sodaß eine genauere Untersuchung erforderlich erschien. Die ersten Proben erhielt ich von dem Aushub eines Brückenpfeilers, welcher offenbar die tiefsten Schichten der Tone erfaßt und überraschenderweise eine große Zahl ausgezeichnet erhaltener fossiler Pflanzenreste zutage brachte. Es handelte sich vorwiegend um gut erhaltene Fichtenzapfen, Taxusholz, Eichenkupulen, Blätter von *Ilex aquifolium,* Tannennadeln und Lindenfrüchtchen. Eine erste palynologische Untersuchung des tonigen Begleitmaterials ergab eine reiche, ausgezeichnete Pollenführung, wo eine große Zahl von wärmeliebenden Elementen neben Hasel und Fichte, vor allen Dingen auch *Ilex* und *Juglans* sowie *Hedera* brachten. Aus dem der Brücke nahe gelegenen Gasterbauereinschnitt, welcher heute einen Autobahnparkplatz darstellt, kamen große Fichtenstämme zutage, alles Indizien, welche ganz außerordentlich gegen die vermutete Einstufung in eine Allerödschwankung sprachen. Damit schied aber der wesentlichste stratigraphische Eckpfeiler für Vergleiche zur Stiegelbräubohrung zunächst aus. Aber es erschien natürlich notwendig diese völlig neuen Pflanzenpollenfunde näher zu untersuchen. Allerdings ergab sich die interessante Tatsache, daß die neu gefundenen Wärmeelemente aus Mondsee auch in der Stiegelbräubohrung auftreten.
Da an der Autobahnbaustelle selbst mit starkem Versturz durch die Bauarbeiten zu rechnen war, mußte nach einem ungestörten, naheliegenden Profil gesucht werden. Dies erschien zunächst nicht

einfach, da die Kartierungen von Dr. Schadler ergeben hatten, daß die schluffigen und tonigen Sedimente nur eine relativ kleine Fläche der Autobahnbrücke als Reste bedecken. Sie befinden sich im Pichlerhang, ferner sind sie im Steinerbach und in Moosbach angeschnitten. Herrn Chefgeologen Dr. Prey verdanke ich die Führung zu einem der besten Aufschlüsse, nämlich den Uferwänden des Bachbettes des Steinerbaches. Es finden sich dort mehrere Meter mächtige unberührte Seetonlagen (KLAUS 1975, S. 321, Abb. 3) mit bester Pollenführung und auch pflanzlichen Großresten. Durch ein eigens für diese Zwecke konstruiertes Bohrgerät (KLAUS 1975) konnte ich im Bachbett selbst die Basisschichten bis zur liegenden Riß-Moräne erreichen. Sowohl die Pollenflora, als auch die zahlreichen pflanzlichen Großreste ließen eindeutig auf das Vorhandensein einer Wärmezeit schließen, deren Sedimente unter der Würm-Grundmoräne, aber über der basalen Riß-Moräne eingelagert waren. Wie der Vergleich mit mittlerweile auch durchgeführten anderen Untersuchungen im nahegelegenen bayrischen Grenzgebiet (Zeifen-JUNG-BEUG-DEHM 1972) als auch in der Slowakei (Gánovce, KNEBLOVA 1960) ergaben, schien ein R/W-Interglazial sehr wahrscheinlich. Auch mit dem Eem-Interglazial Norddeutschlands zeigten sich auch augenfällige Vergleichsmöglichkeiten. Damit waren zwei wichtige Probleme der lokalen Quartärstratigraphie in ein neues Licht gerückt.

1. Die Mondsee-Seetone entsprechen nicht einer Würm-spätglazialen Allerödschwankung, sondern sind noch vor der Würm-Hauptvereisung abgelagert worden.
2. Im alpinen Bereich erreicht das Würm-Interglazialklima ähnliche hohe Wärmewerte wie in Deutschland, welche über jenen der Gegenwart liegen. Schladming kann nicht länger als typisches Interglazial und keineswegs als alpine Vergleichsbasis für solche Untersuchungen angesehen werden.

In der Folge wurde die Einstufung durch zahlreiche weitere Neufunde in Bayern (Eurach, BEUG 1979) sowie am Samerberg (GRÜGER 1979), in der Schweiz (WELTEN 1982) und in Frankreich (WOILLARD 1975) immer deutlicher abgesichert. Es bestand kein Zweifel mehr, daß man in Mondsee mit einem deutlichen Riß-Würm-Interglazial im alpinen Gebiet zu rechnen hatte, welches ähnliche warmgetönte Klimaverhältnisse aufwies, wie dies in den Vergleichsuntersuchungen Deutschlands und der Schweiz zutage kam. Auch wird die einmalige Bedeutung der Mondseefundstelle noch dadurch unterstrichen, daß neben der stratigraphisch wichtigen Pollenflora in den gleichen Schichten bestens erhaltene pflanzliche Großfossilien in fast unerschöpflicher Menge vorhanden sind. Seit 1966 führte ich jährlich Studentenexkursionen nach Mondsee und bei jedem Besuch fanden sich immer wieder neue Pflanzenreste in größerer Zahl. Photoabbildungen und Fundlisten finden sich bei KLAUS 1975, S. 340, Taf. II–V.

Da das Interglazial des Mondseesteinerbaches zwar die Basis des R/W-Interglazials einmalig lückenlos erfaßt, jedoch im Hangenden noch in der Weißbuchen und Tannenzeit (Profilabschnitt 8) offenbar durch Bacherosion gekappt wird, ergab sich natürlich der Wunsch noch stratigraphisch höhere Horizonte der Untersuchung zu erschließen, zumal aus den Kartierungsgrundlagen von Dr. Schadler 1958 zu entnehmen war, daß die hangende Ton-Sand-Serie im nahegelegenen „Pichlerhang" mindestens noch 20 m höher in geschlossener Schichtfolge hinaufreicht.

In dieser Situation griff Hofrat Prof. Dr. Kohl, seinerzeitiger Direktor des OÖ. Landesmuseums in Linz mit vollem Verständnis für die Problematik der palynologischen Analysen fördernd in die Untersuchung ein. Er ermöglichte eine groß angelegte Bagger-Grabung, welche den gesamten Pichlerhang bis annähernd zur Tiefe des Pichlerbaches hinunter erfassen konnte. Die wissenschaftliche Ausbeute gab den Bemühungen recht. Der Tagesaufschluß gestattete ein ganz genaues Studium der Sedimentabfolge, über welche KOHL in mehreren Publikationen bereits eingehend berichtete (1978, 1981, 1983). Dem Pollenanalytiker diente die Grabenwand als ausgezeichneter Aufschluß zur lückenlosen Aneinanderreihung von vertikal entommenen Pollenprofilen (vergl. KOHL 1983 A, S. 27), welche direkt unter der Würm-Moräne bei Seehöhe 540 m NN begann und bis 529 m NN hinunterreichte. Mit meinem speziell für härtere Sedimente konstruierten Bohrer konnte ich trotz Wasserzufluß (und strömendem Regen) noch von der Sohle aus 2 m tiefer mit der Hand anbohren. Da selbst eine starke Feuerwehrpumpe den Wasserzufluß nicht mehr halten konnte, war das Ende der Bohrung und damit auch des Grabenaufschlusses erreicht worden. Da etwa in der Mitte der Grabung (vergl. – Diagrammabschnitt 4, Tiefe 7 m) seekreideähnliche helle Sedimente zutage traten, welche gegenüber jenen des R/W-Interglaziales im Steinerbachprofil eine gewisse Ähnlichkeit zeigten, war die Vermutung aufgekommen, daß mit der Grabung in der Tiefe das R/W-Interglazial bereits erreicht und damit eine geschlossene Serie von Sedimenten über dem Interglazial gewonnen worden wäre. Wie die folgenden Pollenanalysen jedoch ergaben, handelte es sich bei diesen hellen seekreideähnlichen Sedimenten um ausgesprochen kaltzeitliche Lagen mit vielen Nichtbaumpollen und *Pinus cembra,* welche keineswegs dem Steinerbach-Interglazial vergleichbar waren. Auch war durch seinerzeitige Einzelprobenaufsammlungen von Dr. Schadler und Dr. Prey aus dem Pichlerbach, dessen Niveau an der tiefsten Grabungsstelle offenbar noch nicht erreicht worden war, bekannt geworden, daß sich hier hellblaue Vivianite an den Schichtflächen von humosen dunkelbraunen, sehr festen Tonen fanden. Diese kamen bei der Grabung in der Tiefe noch nicht zum Vorschein. Da man jedoch ohne Anschluß an das basale R/W-Interglazial mit dem schönen Profil nicht die erhoffte Geschlossenheit der Schichtfolge erreichen konnte, wurde beschlossen, zusätzlich zur Grabung noch mit einer Kernbohrung die weitere Vertiefung zu erreichen. Wiederum war es Hofrat Dr. Kohl, welcher durch eine großzügige Förderung seitens des Landes Oberösterreichs dieses Vorhaben ermöglichte. Der Hausruck-Kohlengewinnungsgesellschaft ist unter der Initiative von Dipl. Ing. J. Katerl die Beistellung eines geeigneten Kernbohrgerätes zu verdanken. So verlief die Bohrung letztendlich nach einigen Anfangsschwierigkeiten doch positiv und es konnte eine Durchörterung bis zur Riß-Grundmoräne mit einer weiteren Tonserie erreicht werden, wobei auch die blauen Vivianite und die Pflanzenreste des Steinerbaches, deren charakteristisch geschichtete Seetone und sogar auch die Seekreide erreicht wurden. Damit ergab sich im Jahre 1982 endlich eine Situation, welche die Erstellung eines Gesamtpollendiagrammes über eine lückenlose Probenserie von 17 m Mächtigkeit gestattete. Sie erfaßte alle Sedimente von der basalen Riß-Moräne bis zur hangenden Würm-Moräne.

Zur Geologie und Schichtfolge

Nördlich des Ortes Mondsee, in unmittelbarer Nähe der Autobahnbrücke, welche den Pichlerbach, Steinerbach und Moosbach überquert, liegen lokal eng begrenzte Reste von Seesedimenten. Untersuchungen ergaben eine starke Vorbelastung (10 kg/cm^2, Gutachten Dr. Schadler 1958). Das Schichtpaket liegt etwa 50 m über dem heutigen Niveau des Mondsees und fällt mit 5° nach Südost in Richtung Ortschaft Mondsee ein (vgl. KLAUS 1975, S. 321). Andererseits steigt die Schichtfolge vom Steinerbach in Richtung Pichlerhang nach Nordost flach an. Die Schollenneigung und Sedimentverfestigung spricht für eine beträchtliche Belastung durch Gletscherbedeckung (vgl. D. van HUSEN, dieser Band), welcher durch die verbreitete Würmmoräne am Mondseeberg (Wildmoos) und Kolomansberg bestätigt wird. Daß die Erosion des würmzeitlichen Traungletschers noch einen kleinen, unter sich begrabenen älteren Seetonrest fast unberührt liegen ließ, mag auf die Tatsache zurückzuführen sein, daß sich der Traungletscher im Mondseegebiet mehrfach aufgabelte und dadurch an Dynamik offenbar örtlich verlor. Von dem nach Norden fließenden Traungletscher zweigte bei Eintritt in das Mondseebecken zunächst der Atterseezweig (I) in südöstlicher Richtung in das Gebiet des heutigen Attersees ab. Ein weiterer kleiner nördlicher Arm reichte im Osten bis Oberwang (Oberwangerzweig II). Am Nordrand des Sees, unweit unseres Profiles gabelte der Restgletscher in zwei weitere Zweige auf. In einen eher gerade verlaufenden, die postglazialen Feldinger Moore bedeckenden, bis nördlich des Zellersees reichenden Zweig (Irrseezweig III) und einen nach Westen in Richtung Salzburg gerichteten Thalgauzweig (IV). Daher wird das Mondsee-Seetonpaket von Würmmorenenresten im Hangenden großflächig überlagert (vgl. Schichtprofil im Pollendiagramm). Die darunter liegenden Seetone und Schluffe lassen sich folglich als stratigraphisch älter als Hoch-Würm erkennen. Wesentlich schwieriger ist die Rißmoräne im Liegenden des Schichtpaketes nachzuweisen. Nur durch Aufgrabungen und Bohrungen im Steinerbachbett und am Pichlerhang konnte eine solche nachgewiesen werden. Aus der Schollenneigung im Steinerbach ergibt sich, daß etwa 20 m bachaufwärts des Interglazialaufschlusses die Rißmoräne knapp unter der Bachsohle durchtritt und nur mehr durch Bachschotter, der jährlich in verschiedener Mächtigkeit darauf abgelagert wird (zwischen 1 m und 2,5 m schwankend) überdeckt wird. Sie wurde anläßlich der INQA-Exkursion 1983 kurzzeitig durch Handgrabung freigelegt und von den Exkursionsteilnehmern besichtigt.

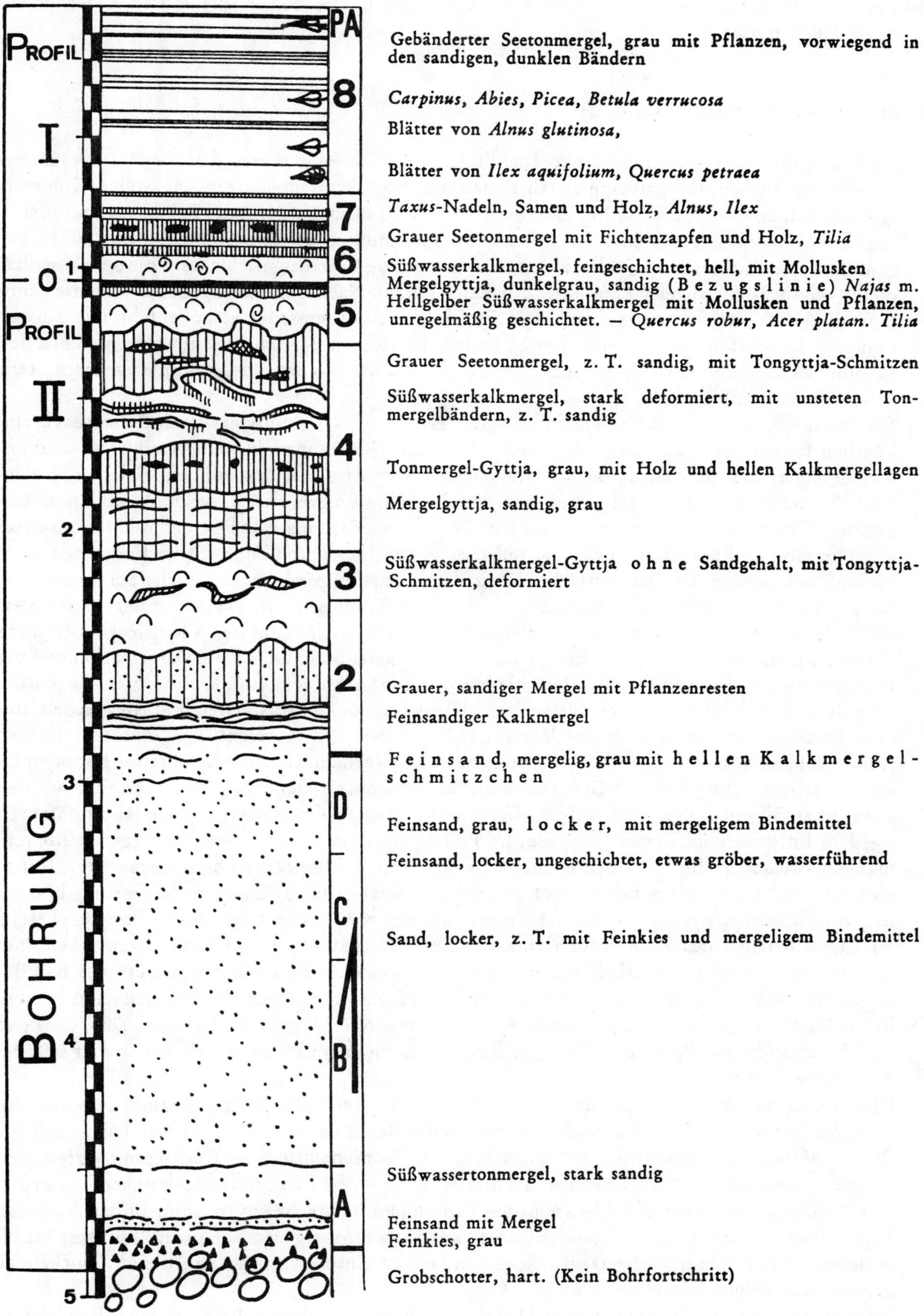

Abb. 1: Schichtfolge Steinerbach/Mondsee (aus: KLAUS 1975)

Die den Aufschließungsarbeiten anschließende palynologische Bearbeitung erfolgte im wesentlichen in zwei Teilabschnitten.

1. **Mondsee–Steinerbach** (Abb. 1, 2)

Bachaufschluß und Vertiefung durch Handbohrung bis zu Rißmoräne. Auf die Rißmoräne, bestehend aus Flysch und kalkalpinem Grobmaterial, folgt eine schmale Kieslage, welche von mergeligem Feinsand abgedeckt wird. Darüber folgen 1,90 m mächtige graue Feinsande; in tieferen Lagen locker und ungeschichtet, in höheren Lagen nimmt das mergelige Bindemittel zu. Es folgen dann feinsandige, dünne, helle, mehrfach geschichtete Kalkmergelschichten, die den Abschluß dieses relativ ruhig abgelagerten Schichtpaketes bilden. Nach pollenanalytischen Kriterien umfaßt diese Schichtfolge das gesamte **Riß-Spätglazial.** Eine feinsandige, pollenführende Ausbildung des Riß-Spätglazials scheint eine Seltenheit im alpinen Bereich zu sein, wenn man mit den Ergebnissen des weiteren Alpennordrandes vergleicht, wo in diesen Diagrammlagen meist sterile Schotter anzutreffen sind.
Mit feinsandigen, festen Kalkmergeln setzt das Profil des **R/W-Interglazials** im Steinerbach ein. Spärlich finden sich erste Großreste fossiler Pflanzen (Fichtennadeln). Der Sandgehalt wird immer geringer, die Sedimentation im interglazialen Mondsee offenbar ruhiger. Helle, seekreideähnliche Süßwasserkalkmergel setzen ein, welche völlig unregelmäßig von den dunklen, deformierten Tongyttjalinsen durchsetzt werden. Es folgt wieder eine unruhige Sedimentationsphase mit Feinsand und grauen Mergellagen, teilweise gyttjaähnlich und humos. Hier finden sich erste Fichtenholzstämme. Darüber tritt ein äußerst unregelmäßig geschichteter, heller Süßwasserkalkmergel mit eingeschalteten unregelmäßigen, sandigen Tonlinsen auf. Die Deformation der Mergelbänder nimmt deutlich zu, es findet sich keine Horizontalschichtung. Völlig losgelöste graue Tonschmitzen „schwimmen" im hellen Süßwassermergelkalk. Ich führe die Deformation und die Einlagerungen auf subaquatische Uferschlammrutschungen zurück, welche sich durch die Auffüllung des Seebeckens und damit der steileren Ufer ergaben. Das Ausfließen und Abrutschen litoraler Seeböden ist eine häufige Erscheinung (WASMUND 1930), welche den pollenanalytischen Auswertungen von Seeschlammsedimenten bei dem Versuch zu sehr detaillierter stratigraphischer Horizontierung deutlich Grenzen setzt. Bei Bohrungen kann es vorkommen, daß die gleichen, über 30 cm hohen Aufwölbungsfiguren von grauem Seetonmergel zweimal durchfahren werden. Entsprechend finden sich dann im Pollendiagramm zwei übereinanderliegende Kurvenmaxima, welche völlig falsche Ergebnisse vortäuschen. In Bohrungen sind solche Verhältnisse nicht erkennbar und daher Bohrproben in solchen Gebieten nur bedingt zur Auswertung brauchbar. Im Steinerbach fanden sich diese Unstetigkeiten der Sedimentfolge glücklicherweise bereits im Tagesaufschluß des Steinerbachbettes, wo diese Unregelmäßigkeiten deutlich zu sehen sind. Im oberen hellen Süßwasserkalkmergel (Seekreide), welcher dem Wärmeoptimum des R/W-Interglazials entspricht, findet sich erstmals ein auffallend horizontales dunkles, schmales Seetonband. Da sich dieses durch den ganzen Aufschluß mehrere Meter weit verfolgen läßt, wurde es als „Bezugslinie" im Profil markiert. Sie fand sich auch in der Pichlerhangbohrung sehr tief, bei Bohrmeter 20,9 m.
Über dieser Bezugslinie folgt zum letzten Mal 10 cm „Seekreide". Dann beginnt eine warvenähnliche, graue Seetonmergelschichtung mit vielen Großpflanzenresten. An der Basis zunächst *Ilex aquifolium,* Fichtenzapfen und Taxusholz. Die Tonschichtung im Wechsel mit verfestigten dunklen Feinsandlagen hält über 1 m an und wird nach oben zu immer zahlreicher und enger. Am Profilende betragen die Abstände der Tonschnüre nur mehr cm bis mm. In den höchsten Lagen treten Tannen und Weißbuchenreste auf. Erosionsvorgänge haben die höheren Profilschichten wahrscheinlich abgetragen, sodaß die ersten Untersuchungen mit dieser Schichtfolge abgeschlossen werden mußten (KLAUS 1975).
Aus den Kartierungsunterlagen von SCHADLER (1958) geht hervor, daß über dem „Bänderton" des Steinerbaches noch mindestens 3 m Seeton und darüber noch mindestens 10 m Bändersande mit Vivianitlagen, überlagert von Geschiebelehm, seinerzeit aufgeschlossen waren.

Funde fossiler Pflanzen im Steinerbachprofil

Großreste:

Hölzer:	**Früchte und Samen:**	**Blätter:**	**Moosreste:**
Picea abies	*Abies alba*	*Abies*	cf. *Drepanocladus*
Taxus baccata	*Abies* sp.	*Acer* sp.	*Scorpidium*
	Acer sp.	*Alnus glutinosa*	
	Betula pubescens	*Carpinus betulus*	
	Betula verrucosa	*Corylus avellana*	
	Carpinus betulus	*Ilex aquifolium*	
	Crataegus pentagyna	*Osmunda*	
	Ilex aquifolium	*Picea abies*	
	Najas minor	*Quercus robur*	
	Picea abies	*Tacus baccata*	
	Picea omorica	*Ulmus*	
	Pinus sylvestris (Zapfen)		
	Quercus petraea		
	Quercus robur		
	Taxus baccata		
	Tilia cordata		
	Tilia platyphyllos		
	Tilia tomentosa		

Der *Pinus sylvestris*-Zapfen fand sich in der basalen Seekreide, alle anderen Fossilien vorwiegend in den hangenden gebänderten Tonen, *Ilex* gehäuft knapp über der Bezugslinie.

2. **Mondsee–Pichlerhang** (Tafel 1)

Wie schon oben angedeutet, stellt das Pichlerhangprofil eine Kombination aus einer Bagger-Grabung und Vertiefung durch eine Kernbohrung dar. Am linken Rand des Pollendiagrammes sind die Abschnitte entsprechend der Entnahmeart angegeben. Die Grabung begann am Hang bei einer Seehöhe von 542 m NN. In der Diagrammrubrik „Profiltiefe in m" sind die oberen vier Handprofile (Nr. 1, 2, 3, 4) und die Handbohrgerätevertiefung bis 9,60 m verzeichnet. Darunter folgt die Kernbohrung (Bezeichnung „Bohrung" im Diagramm), wo innerhalb der Tiefenmeterangaben die Bohrkernbezeichnungen (z.B. KB 17, KB 18, KB 19 usw.) angegeben ist.

Lithologie des Pichlerhangprofils

In der Tiefe wurde bei 16.20 m die **Rißmoräne**, bestehend aus groben kantigen Flyschkomponenten, aber auch Kalkalpinbestandteile angetroffen. Die sandigen Proben darüber, welche im Steinerbachprofil das Riß-Spätglazial enthalten, sind aus bohrtechnischen Gründen durch Kernverlust nicht gewinnbar gewesen. Bei 15,90 m begannen die ersten sandig schluffigen, hellgrauen Mergel, wie sie sich auch im Steinerbach als Übergang vom riß-spätglazialen mergeligen Sand zu den hellen Kalkmergeln finden. Von hier ab war auch gute Pollenerhaltung und Auswertbarkeit gegeben. Im Übergang zur höheren „Seekreide" folgen helle karbonatische Mergel mit dunklen humosen Tonbändern. Die Unregelmäßigkeit der Schichtung des Steinerbaches konnte am Bohrkern des Pichlerhanges nicht erkannt werden. Darüber folgt nun der Übergang in gelblich weiße, geringfügig von feinen Tonschnürchen durchzogene Kalkmergel, die typische „Seekreide" des Steinerbaches (vgl. zur Lithologie die Legende zum Pollendiagramm). Die Seekreide wird nach oben hin bei 14,90 m durch eine markante horizontale Ton-Doppelschnur abgeschlossen, welche die **R/W**-Parallelisierung beweist. Somit ist schon lithologisch eine auffällige Ähnlichkeit mit der sogenannten „Bezugslinie“ im Steinerbach-R/W-Interglazial gegeben. Darüber folgen ähnlich wie im Steinerbach noch etwa 10 cm „Seekreide“. Dann setzen in hellgrauen Tonmergeln warvenähnliche, dunkle, sandige Parallelschichtungen ein, welche auch Bruchstücke von Blattresten enthalten; ebenso eine deutliche Parallele zu den höheren pflanzenführenden Schichten des Steinerbach-R/W-Interglazials. Nur findet sich eine größere Mächtigkeit der Warvenschichtung. Das Steinerbachprofil setzt durch Erosion in dieser Serie schon früher aus. Alles was sich nun über dem Warvenabschnitt findet ist lithologisch und palynologisch gegenüber dem Steinerbach Neuland. Es wird zunächst erkennbar, daß sich die Warvenschichtung um 70 cm höher hinauf fortsetzt als im Steinerbach.

Bei Teufe 13 m tritt erstmals eine Veränderung in der Sedimentschüttung ein. Lockerer grauer Sand mit feinen Tonbeimengungen, meist als horizontale Schnüre, welche sich in höheren Lagen auch noch verlieren, findet sich über eine Strecke von 1,50 m. An einer Tonschnur fand sich im Bohrkern eine blaue Vivianitlinse. Sie erinnert an jene, welche Dr. Schadler und Dr. Prey im Pichlerbach vorfanden und bargen. In dieser Bohrtiefe befindet man sich etwa im Pichlerbachniveau bei der Autobahnbrücke. Die Sandserie wechselt im Hangenden erstmals in reine dunkelbraungraue humose Tonschichten, welche auch viel Pflanzenhäksel enthält (11,20–11,60 m).

Im lithologischen Profil des Pollendiagrammes sind Strecken mit dunkelgrau bis braunen festen Tonen schwarz berandet eingezeichnet, unter der Rubrik „Farbe des Sedimentes“. Aus dieser Signatur im Diagramm wird sofort klar, welche Strecken im Profil tonig-humos, z.T. gyttjaähnlich und gut pflanzenführend sind. Diese sehr vereinfachte Darstellung von dunklen Sedimentpaketen im Profil soll dem Zweck dienen, für die zahlreichen geringmächtigen Geländeaufschlüsse des Salzkammergutes und Salzburgs, welche dunkle, oft als „Schieferkohlen“ bezeichnete dünne Bänkchen enthalten und unter der Würmmoräne liegen, erste Vergleichshinweise beizubringen. Meines Erachtens gehören viele dieser früher als Interglazial angesprochenen Aufschlüsse einem der Unter- und Mittelwürminterstadiale an, welche sich nun im Pichlerhangprofil in geschlossener, einstufbarer Folge als Vergleichsbasis vorfinden. Die genaue Zuordnung kann natürlich letztlich nur durch das Pollendiagramm oder Isotopenmethoden geschehen.

Über den oben erwähnten Schichten folgen ziemlich unvermittelt etwa 30 cm lockere, tonige, **hellgraue Sande**, frei von Pflanzenmaterial. Nach dieser kurzen Sandunterbrechung finden sich etwa 1 m mächtige (9,80 m – 10,80 m) plastische dunkelbraune gyttjaähnliche **humose Tone**, teilweise mit Blattbruchstücken und im Hangenden schöne blaue Vivianitlagen (vgl. Pichlerbachproben). Über diesem dunklen Tonpaket macht sich zunächst eine helle 30 cm mächtige Sandbeimengung bemerkbar, welche dann in eine lange Strecke dunkel gefärbten sandigen Tones, des sog. „Schluffes“ übergeht (8,10–9,60 m). Steril an Großpflanzen, relativ locker, stark wasserführend. Bei 8,10 m hört die Sandbeimengung auf, das Sediment wird hellgrau bis gelblichweiß, stark karbonathältig, vereinzelt sind Tonschnüre mit feinem Pflanzenhäksel eingebettet. Das Sediment macht den Eindruck einer „Seekreide“. Es war in der Grabung an der Stichwand aufgeschlossen und auf Grund der Ähnlichkeit mit der „Seekreide“ im Steinerbach zunächst für R/W-Interglazial angesehen. Erst ein Blick auf das Pollendiagramm zeigt, daß dieses Sediment in einer Würm-Kaltphase abgelagert wurde und stratigraphisch weit höher als das Steinerbach–R/W-Interglazial liegt. Darüber folgt ein langes Profil (3,60 m) dunkel gefärbter, geschichteter Tone, z.T. mit Schlufflagen. Am Anfang wird dieser Sedimentabschnitt für 30 cm kurzfristig durch seekreideähnliche, helle Kalkmergel unterbrochen. Es finden sich liegende Holzreste der Fichte, sowie Blattbruchstücke und stellenweise horizontal geschichtete, mehrere cm mächtige dunkle Tonschnüre. In diesem Verband finden sich auch wellige, unregelmäßige Tonschnüre, welche auf eine Seeintiefung und steile Uferbildung schließen lassen.

Bei einer Tiefe von 3,20 m geht diese Phase dunkler Tone, z.T. Schluffe, zu Ende. Der Sandgehalt beginnt vorzuherrschen, wird locker, ungeschichtet und führt vereinzelt Treibhölzer (Fichte). Bei Teufe 2,0 m wird der Sand gröber, fast schon kiesig, stark wasserführend. Die Pollenführung war im Sand schon sehr spärlich und setzt hier zum ersten Mal im Profil kurzfristig aus. Erst bei 1,80 m finden sich im Sand wieder dunkle Tonschnüre, welche nach oben zu häufiger werden.

Bei etwa 1,0 m Tiefe ändert sich die Sedimentbeschaffenheit wieder völlig. Zunächst setzen wieder

fluviatile **Schotter** mit schluffig-tonigem Bindemittel und **Glaukonit**-Anteil ein. Darüber folgt eine sehr unregelmäßig begrenzte und verteilte Gyttjaschichte, z.T. noch mit Schottereinschlüssen. So erscheint ein 20 cm mächtiger Schottereinschluß vor einem höheren, zweiten Gyttjaband. Vereinzelt finden sich Fichtenholzreste. Das Hangende der oberen Gyttjaschichte wird von Würmmoränenmaterial gekappt. Sie beweist den schließlich folgenden würmzeitlichen Traungletschervorstoß über Mondsee hinweg. Die Würmmoräne bedeckt den Pichlerhang.
D. van HUSEN fand am nordseitigen Ufer hoch oben am Steinerbachbett, etwa 500 m bachaufwärts des beschriebenen R/W-Interglazialprofils einen mehrere Meter mächtigen Schotteraufschluß, in welchem sich auch tonige Sande als Einschlüsse finden. Sie erwiesen sich als pollenleer. Es könnte sich um eine Fortsetzung der im Hangenden des Pichlerhanges erkennbaren oberwürmzeitlichen stadialen Klimaschwankungen handeln.

Mikrofloristische Gliederung der Mondsee-Serie

Der stratigraphische Wert der pollenanalytischen Untersuchung der Mondsee-Serie, beginnend mit dem Riß-Würm-Interglazial im Steinerbach und fortgesetzt im Würmprofil des Pichlerhanges ist zweifach begründet. Einmal findet sich selten eine geschlossene Profilsäule mit so ausgezeichnet erhaltenen und in so großen Mengen in so gut wie allen Schichtlagen vertretenen Pollenkörner. Damit sind nicht nur die Bestimmungen zweifelsfrei gesichert, sondern auch statistische Zufallsergebnisse ausgeschlossen. Weiters bilden die Ergebnisse die Grundlagen für zahlreiche offene Einstufungsfragen von jungpleistozänen Sedimenten, welche zumeist nur in geringer Mächtigkeit sporadisch in Salzburg zwischen Paß Lueg und besonders dem Stadtgebiet selbst und von diesem auch noch nördlich auftreten und seit Jahrzehnten zu manchen stratigraphischen Datierungsversuchen führten. Auch im Salzkammergut, im Raum des Attersees und des Wolfgangsees sind einige kleinere Probenaufschlüsse bekannt geworden, deren Einstufung erst durch vorliegendes Profil möglich werden dürfte. Auch die Höhlenstratigraphie wird manchen klimatischen Anhaltspunkt für die Problematik der Einstufung gewinnen.
Auch im Alpenvorland harren beachtliche Profile mit in Diskussion befindlichen Datierungsversuchen einer schlüssigen Vergleichsbasis. Obwohl im Pollendiagramm des Pichlerhanges an der Basis das R/W-Interglazial deutlich ersichtlich wird, scheint es doch wegen der genauen Gliederbarkeit eines gut aufgeschlossenen Profiles angezeigt, den Steinerbach eingangs mit zu besprechen.

Pollendiagramm Steinerbach /Mondsee (Abb. 2)

Riß-Spätglazial

Profilabschnitt 1, A–D
Höherer Nichtbaumpollenanteil (NBP 80 %–20 %)
Pinus cembra, Betula, Pinus mugo
Zweiteilung in eine ältere und jüngere Erwärmungsphase (A, B und D), welche durch eine kurze Kälteschwankung (C) unterbrochen wird.

A: Ältere waldlose Zeit
Neben viel umgelagertem Sekundärpollen unmittelbar über der Rißmoräne *Selaginella, Helianthemum.* Ähnlich der arktischen Phase von JESSEN & MILTHERS (1928).

B: Ältere alpine Strauchphase
Allmähliche Erwärmung. Viel *Pinus mugo* und *Juniperus. Ephedra* vereinzelt. *Salix* und *Artemisia.*

C: Jüngere waldlose Zeit
Kälterückschlag.
Artemisia und *Juniperus*-Werte nehmen wieder zu. Ebenso *Betula* bei gleichzeitiger Abnahme von *Pinus.* Starke Zunahme aufgearbeiteten Präquartärpollens.

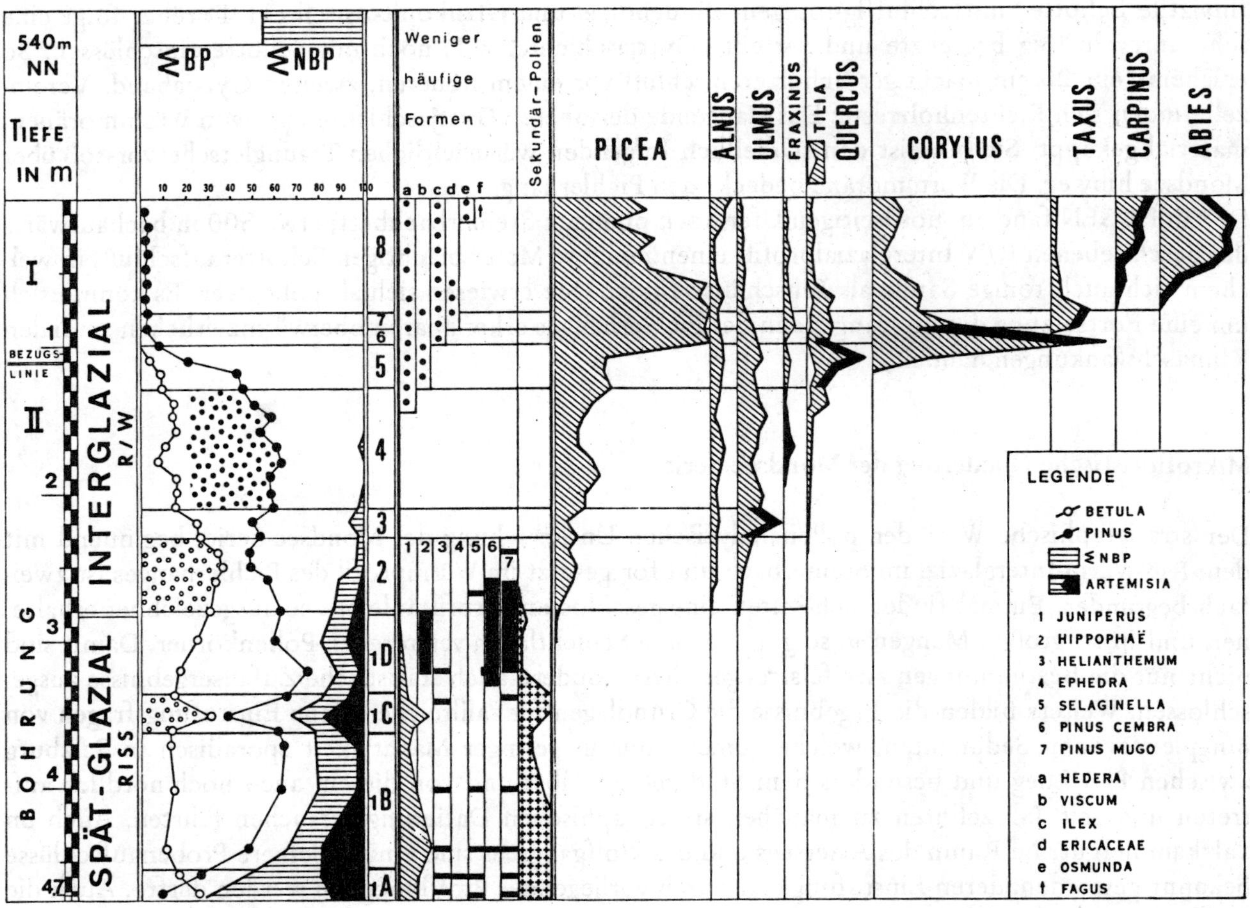

Abb. 2: Pollendiagramm Steinerbach/Mondsee (aus: KLAUS 1975)

D: Subalpine Strauchphase
Beginnende Erwärmung.
Legföhren, Zirben und Sanddorngebüsche prägen neben zahlreichen Kräutern die Landschaft. Die ersten Fichten wandern ein. *Larix,* die Lärche fehlt noch.

Riß–Würm-Interglazial

Profilabschnitt 2 (nur im Steinerbach):
Kiefern-Birken-Zeit (maximale Birkenausbreitung)
Neben *Pinus mugo* und *Pinus cembra* ist besonders die starke Birkenausbreitung in diesem Abschnitt beachtlich. Gleichzeitig mit der spärlichen Fichten-, Erlen- und Ulmenausbreitung setzt eine deutliche Abnahme von *Pinus cembra* und auch *Pinus mugo* am Ende dieses Abschnittes ein.

Profilabschnitt 3 (Pichlerhang + Steinerbach):
Ulmen-Maximum
Eine kontinentale Erwärmung zeigt sich schon am Beginn dieses Abschnittes durch das Auftreten von QM-Elementen, besonders der Ulme, aber auch ganz spärlich schon mit Eiche an. Im *Pinus*-Spektrum ist *P. cembra* und *P. mugo* vollständig verschwunden. Die Diagrammwerte sind auf *P. sylvestris* zurückzuführen.

Profilabschnitt 4 (Pichlerhang + Steinerbach):
Kiefern-Ulmen-Eschen-Zeit
Der Kiefernwald, aus *Pinus sylvestris* bestehend, breitet sich aus. Auch die Fichte nimmt in höheren Lagen etwas zu. Wichtig ist im Eichenmischwald (EMW) neben Ulme und Eiche das erste Erscheinen von *Fraxinus,* – der Esche.

Profilabschnitt 5 (Pichlerhang + Steinerbach):
EMW - Fichtenzeit (Eichenmaximum)
Besonders im Pichlerhangprofil ist das Eichenmaximum bei gleichzeitigem Auftreten der Linde und der übrigen EMW-Elemente augenfällig. Die Fichte zeigt eine ähnlich ansteigende Kurventendenz wie im Steinerbach, ist jedoch mit geringen Prozenten vorhanden.

Profilabschnitt 6 (Pichlerhang + Steinerbach):
Hasel-Fichtenzeit (Wärmeoptimum)
Dieser Abschnitt liegt sowohl im Pichlerhangprofil als auch im Steinerbach unmittelbar über der Tondoppelschnur, welche als Bezugslinie bezeichnet wurde. Die Haselwerte liegen im Pichlerhang bei 90 %, im Steinerbach über 100 %. *Ilex aquifolium, Viscum* und *Hedera* sind in jeder Probe vorhanden.

Profilabschnitt 7 (Pichlerhang + Steinerbach):
Fichten-Eiben-Maximum
Ein kurzer *Taxus*gipfel mit maximal 12 % findet sich im Fichtenmaximum ähnlich wie im Steinerbach.

Profilabschnitt 8 (Pichlerhang + Steinerbach):
Fichten-Tannen-Hainbuchenzeit
Mit noch höheren Werten als im Steinerbach setzt im Pichlerhang unmittelbar die Tanne ein, während die Fichte rückläufige Tendenz zeigt. *Carpinus* beginnt in diesem Abschnitt. Auch EMW-Elemente sind noch regelmäßig neben *Ilex*vorkommen vorhanden. Im Steinerbach endet mit diesem Abschnitt das R/W-Interglazial. Im Pichlerhang geht die Serie noch höher hinauf weiter.

Profilabschnitt 9 (nur Pichlerhang):
Tannen-Hainbuchen-Maximum
Dieser Diagrammabschnitt ist durch die höchsten Werte der Tanne und Hainbuche gekennzeichnet, während die Fichte stark zurücktritt. Eichenmischwald-Elemente so wie *Taxus, Ilex* und *Hedera* sind deutlich vorhanden.

Profilabschnitt 10 (Pichlerhang):
Fichten-Tannen-Zeit
Dieser Abschnitt ist durch das Auslaufen der wärmeliebenden Laubgehölze gekennzeichnet. *Taxus* fehlt, die Fichte nimmt rapide zu. Im gleichen Maße verschwindet die Hainbuche. Die Buche *(Fagus)* konnte nicht gefunden werden, obwohl im Steinerbach in den höchsten Lagen bereits einzelne Körner vorhanden waren. Auch die Tanne geht am Ende dieses Abschnittes sehr deutlich zurück.

Profilabschnitt 11:
Fichten-Kiefern-Zeit (deutliche Abkühlungsphase)
Alle Laubgehölze, aber auch *Abies* gehen auf verschwindend geringe Werte zurück. Neben einer absoluten Dominanz der Fichte beginnt eine deutliche Zunahme der Kiefer. Unter den Pteridophyten ist das Erscheinen von *Osmunda* bemerkenswert.
Damit deutet sich eine prägnante Klimaverschlechterung an. 10 cm Kernverlust in der Bohrstrecke sind sicher auf unvermittelt zunehmenden Sandgehalt im Sediment zurückzuführen.
Es scheint palynologisch begründet hier das R/W-Interglazial zu begrenzen.

Würm–Glazial

Entsprechend den Empfehlungen der Subkommission für Europäische Quartärstratigraphie wird eine Gliederung des Pichlerhangprofiles in Unter-, Mittel- und Ober-Würm vorgenommen. Durch die fast lückenlose Pollen- und Sedimentführung und die starke klimatische Akzentuierung der Stadiale und Interstadiale ist dies auch zwanglos möglich. Von einer noch detaillierteren floristischen Unter-

gliederung in 30–40 Diagrammabschnitte ist aus Gründen der Wahrung der Übersichtlichkeit vorläufig Abstand genommen worden.
Es lassen sich vier Kältephasen (Stadiale A, B, C, D) und vier wärmere Abschnitte (Interstadiale 1, 2, 3, 4) unterscheiden, welche jedoch keineswegs die Werte der Interglaziale oder jener von heute erreichen. Davon umfaßt das

Oberes Würm:	Hangend-Moräne und mehrere höhere Sand- und Schotterlagen	pollenleer
Mittleres Würm:	Interstadial 4 Stadial D Interstadial 3 Stadial C	Serien mit *Pinus cembra*
Unteres Würm:	Interstadial 2 Stadial B Interstadial 1 Stadial A	Serien ohne *Pinus cembra*

Unteres Würm

Das erste Stadial (Stadial A)
Gekennzeichnet durch eine Kräuterpollen- und *Pinus*-Zunahme, begleitet von einem starken Rückgang der Kiefer. Neben *Hippophaë* einige *Fagus*-Pollenkörner im Profil. Zum ersten Mal zeigt sich *Larix* in der Profilserie mit wenigen Körnern. Ganz geringfügig ist auch *P. cembra* erkennbar, hört jedoch nach oben zu rasch vollkommen auf. *Pinus* und Kräuterpollenzunahme zeigen in der Mitte des Abschnittes eine deutliche Kältephase an, im höheren Abschnitt gefolgt von *Betula* und einem sehr beachtlichen *Juniperus*gipfel. In den höchsten Proben, immer dann, wenn sie ausgesprochen sandig werden, erscheinen einige *Abies*-Pollenkörner. Sie passen wenig gut zum kräftigen Birken-Wacholder-Vorstoß und könnten daher umgelagerte Interglazial-Sekundärpollen darstellen. Das Ausklingen von *Betula–Juniperus* und besonders der NBP-Kurve zeigen das Ende dieser ersten Kaltzeit an.

Das erste Interstadial (Interstadial 1)
Ein deutlicher Fichtenanstieg kennzeichnet den Beginn einer Wärmephase. Sie setzt allerdings nur zögernd, vielleicht mit einem kurzen kleinen Klimarückschlag ein, der die fast auf Null abgesunkenen NBP-Werte kurzfristig zunehmen läßt. Damit kommt eine Fichtendominanz bei fast vollständigem Rückgang der Kiefer zur Geltung. *Fagus, Carpinus, Ulmus, Quercus* finden sich als Einzelkörner, offenbar noch von den interglazialen Reliktstandorten stammend.

Das zweite Stadial (Stadial B)
Kurz, aber deutlich manifestiert sich dieser zweite Kältevorstoß. Ein deutlicher NBP-Anstieg, welcher zum ersten Mal nach dem R/W-Interglazial auch wenige Prozente *Artemisia* bringt, wird von einer Birken–Kiefer-Zunahme begleitet. Die Fichte geht deutlich zurück, wobei *Larix* in Erscheinung tritt. Verhältnisse, welche heute in der Nähe der Waldgrenze um etwa 1400 m anzutreffen sind. Das würde bedeuten, daß man mit einer Waldgrenzedepression um etwa 800 m zu rechnen hätte. An Kräutern treten Elemente der Hochstaudenfluren, wie etwa *Knautia* und die Umbelliferae in Erscheinung.

Das zweite Interstadial (Interstadial 2)
Auffällig unvermittelt tritt ein nachhaltiger Wechsel zu einer Wärmephase auf. Zuerst erreicht die Fichte Höchstwerte und verdrängt Kiefer und Birke vollständig. Es ist auffällig, daß sowohl am Beginn der Fichtenzunahme als auch beim Rückgang am Ende des Interstadials die Lärche den Fichtenbestand begleitet. Im Wärmeoptimum finden sich Ulmen, Eichen, vereinzelt auch Linden und *Taxus*.

Jedoch k e i n *Carpinus* oder *Abies.* Von den Laubbäumen werden die Interglazialwerte mit Abstand nicht mehr erreicht.
Mit dem Aussetzen der EMW-Elemente, dem Vordringen der Kiefer, Rückgang der Fichte und Beginn der MBP-Werte endet dieses Interstadial.
Von hier ab treten nun wesentlich kältere und länger anhaltende Stadiale auf, sodaß die Grenze zum Mittel-Würm mikrofloristisch gut begründet erscheint.

Mittleres Würm *(Pinus cembra*-Zeit)

D a s d r i t t e S t a d i a l (Stadial C, „*Cembra–Artemisia*"-Stadial)
Dieses entsprechend der Profilsäule lang andauernde Stadial ist durch höhere NBP-Werte, ferner durch den Birken- und Kiefernreichtum und vor allem durch eine beachtliche Höhe der *Pinus cembra*-Frequenz gekennzeichnet. Die Fichtenwerte gehen gleichzeitig stark zurück. Einzelkörner von *Abies* und *Corylus* dürften auf Umlagerungen aus dem Interglazial zurückzuführen sein. Am zentralen Höhepunkt der Kaltphase stellt sich viel *Artemisia* ein. Neben *P. cembra* ist *P. mugo* sicher am Spektrum beteiligt.
Außer *Osmunda* findet sich von den Kräutern am häufigsten *Knautia.* Offenbar war die Hochstaudenflur in den Talboden herabgedrückt worden. *Larix* findet sich mehrfach. Eine deutliche Erwärmung beendet diese bedeutende, jedoch keineswegs vegetationslose Kaltphase.

D a s d r i t t e I n t e r s t a d i a l (Interstadial 3)
D a t i e r u n g (Holzprobe in der höchsten Lage): 36.050 J.v.h.
Das von Fichtenwald dominierte Interstadial ist das längste und wohl auch das „wärmste", wie vor allem die Eichenmischwaldelemente zeigen. Es fehlt jedoch die Tanne vollkommen, Weißbuche und *Taxus* erscheinen nur sporadisch und auch alle anderen Elemente erreichen die R/W-Interglazialwerte mit Abstand niemals. Auch nicht jene der Gegenwart.
Am Beginn des Interstadials 3 weichen *Pinus cembra* und *Betula* stark zurück, verschwinden jedoch im ganzen Interstadial nie vollkommen. Die Waldföhre, *Pinus sylvestris* wird kurzfristig dominant. Im Sediment erscheinen seekreideähnliche Mergel. Ein Ulmen-Maximum mit etwas Eiche dokumentiert eine trockene Erwärmungsphase. Diese weicht jedoch bald wieder einem feucht-kühlen Fichtenwald. Auch die Lärche kommt fast durchwegs, offenbar in höheren Lagen, vor. Im Zentralabschnitt des Interstadials finden sich neben geringen *Corylus*-Prozentsätzen alle EMW-Elemente, besonders *Quercus* und *Tilia* aber auch *Acer. Fagus* fehlt so gut wie in keiner Probe; ebenso wie *Osmunda* in mehreren Stücken pro Präparat vorhanden ist. Anfangs findet sich auch *Knautia. Fagus* ohne *Abies,* jedoch mit viel Fichte ergibt eine Waldassoziation, welche mit der gegenwärtigen, aber auch mit jener des R/W-Interglazials überhaupt keine Übereinstimmung zeigt.
Am Ende dieses langen Interstadials 3 macht sich durch höhere Werte von *Pinus cembra* und *Larix,* auch *Juniperus* eine Abkühlung und Absenkung der Waldgrenze erneut bemerkbar.

D a s v i e r t e S t a d i a l (Stadial D)
Es handelt sich um das kälteste, eben noch pollenführende Stadial der Serie. Gleich am Beginn zeigen die hohen NBP-Werte – diesmal o h n e *Artemisia,* daß der Fichtenwald vollkommen aufgelichtet und zunächst durch *Pinus cembra*-Bestände vertreten wurde. Verhältnisse, wie sie heute etwa der Baumgrenze in 1800–1900 m entsprechen. Es kann eine Waldgrenzedepression um mindestens 1200 m angenommen werden. Eine noch kräftigere Abkühlung wird durch eine absolute Dominanz der NBP-Werte und ein totales Auswandern der Zirbe angedeutet. Letzteres Verhalten scheint von besonderer Bedeutung, denn die Zirbe kehrt auch im höheren Interstadial 4 nicht mehr zurück und kommt aus ihren Refugialgebieten erst wieder nach dem Würm-Hauptvorstoß im Würm-Spätglazial zum Vorschein. Auch die Fichte verschwindet vollständig, wird aber offenbar nicht so weit zurückgedrängt, da sie in höheren Profilabschnitten bald wiederkehrt. Im Kälteoptimum finden sich auf einer Strecke von 30 cm im Profil nur pollenleere Sande, welche gelegentlich offenbar glazial aufgearbeitete, mesozoische Pollenkörner führen. Diese Sande erinnern an periglaziale Ablagerungen, wo-

durch die Vergletscherung nicht allzuweit entfernt angenommen werden kann. Etwas höher im Profil stellen sich wiederum pollenführende Proben ein. Sie werden von NBP (Gramineen, Cypraceen) beherrscht. *Pinus, Picea* und *Larix* erscheinen in geringen Prozentsätzen. Den Abschluß bildet ein kurzer *Juniperus*-Gipfel.

Das vierte Interstadial (Interstadial 4, Fichten-Interstadial)

Datierung: 27.400 (+ 2060–1500) J.v.h.

Eine glaukonitische Schotterlage leitet zu einem dunkelbraunen Gyttjaband über, in welchem die Fichte sogleich mit hohen Prozentwerten einsetzt, wodurch eine Wiederbewaldung eingeleitet wird. Außer *Alnus* finden sich jedoch keinerlei Laubgehölze. Das kühlste Interstadial der Serie. Die NBP-Werte setzen auch niemals völlig aus. *Larix* begleitet die Fichte ständig. Es muß sich um Klimaverhältnisse gehandelt haben, welche heute etwa der oberen Waldgrenze entsprechen. Wie aus der Zweiteilung des Gyttjabandes ersichtlich, findet sich auch ein zweigeteilter Fichtengipfel im Pollenprofil; jeweils von *Larix* begleitet. Zwischen den Gyttjabändern dagegen sind noch Baumpollen und Kiefern kurzfristig dominant. Es handelt sich demnach um eine schwach angedeutete Zweiteilung des letzten Interglazials. Am Ende des oberen Gyttjabandes treten NBP-Pollen wiederum stark hervor und alle anderen Pollenformen setzen aus. Es beginnt der hangende Moränenlehm des **Ober-Würm,** in welchem sich keine Pollenkörner mehr finden.

Zusammenfassung

Nördlich des Mondsees im Attergau (Austria) finden sich im Bereich des würmzeitlichen Traungletschers Seesedimente, welche dem **Spät-Riß-Glazial,** dem **Riß-Würm-Interglazial** und dem **Würm-Glazial** zugeordnet werden können. Eine geschlossene Profilsäule von 17 m Mächtigkeit, an ihrer Basis von einer Riß-Moräne unterlagert, im Hangenden von der Würm-Grundmoräne überlagert, hat sich als fast durchwegs pollenführend erwiesen, woraus geschlossen wird, daß in keinem der Unter- und Mittel-Würm-Kaltzeiten eine Vergletscherung der Lokalität stattfand. Die Seesedimente bestehen aus Seetonen, Seekreide, sandigen Tonen, dem sogenannten Schluff und Gyttjalagen, im höchsten Würm-Interstadial auch glaukonitische Schotter. In Mondsee–Steinerbach findet sich ein lückenloses Spät-Rißprofil mit einer Kälteschwankung, übergehend in einen reich an fossilen Pflanzengroßresten ausgestatteten **R/W-Interglazial-Aufschluß** mit einem Wärmeoptimum. Diese Schichtfolge kann im Pollendiagramm in acht Abschnitte gegliedert werden. Sie entsprechen im wesentlichen den R/W-Interglazialfunden des bayerischen Alpenvorlandes, der Schweiz, der Slowakei, klimatisch aber auch in groben Zügen dem Eem-Interglazial Norddeutschlands. Im benachbarten Mondsee–Pichlerhang setzt sich das R/W-Interglazial mit 11 Diagrammabschnitten bis zur Würm-Glazial-Grenze fort. Diese ist durch den Einsatz der NBP-Kurve sowie *Pinus*anstieg und erste Faziesfunde neben sedimentologischen Besonderheiten gut definiert. Das **Würm-Glazial** läßt sich mikrofloristisch und sedimentologisch in vier Stadiale (A, B, C, D) und vier Interstadiale (1, 2, 3, 4) gliedern.
Moränenelemente sind innerhalb der gesamten Serie nicht erkennbar. Im Stadial D sind jedoch Sande vertreten, in welchen nach hohen NBP-Werten die Pollenführung kurzfristig vollständig aussetzt. Das Würm-Glazial wird grundsätzlich in ein *Pinus cembra*- freies Unter-Würm und in ein *Pinus cembra* -reiches Mittel-Würm gegliedert. Das Ober-Würm beginnt mit der Würm-Grundmoräne und ist pollenleer. Die Stadiale des **Unter-Würm** (A, B) sind kurz und nicht sehr kräftig. Stadial A nur kurzfristig waldlos, Stadial B wärmer und aufgelichtet bewaldet. Das Interstadial 1, welches Stadial A folgt, ist kurz, fichtenreich und wenig warm, Interstadial 2 hingegen außerordentlich fichtenreich mit einigen QM-Elementen. Das **Mittel-Würm** weist längere und kräftiger akzentuierte Schwankungen auf. Stadial C (*Cembra–Artemisia*-Stadial) ist durch NBP und Zirbenreichtum gekennzeichnet. Das folgende Interstadial 3 umfaßt das mächtigste Schichtpaket und ist auch am wärmsten getönt. Die Werte der wärmeliebenden Elemente bleiben jedoch weit hinter jenen des RW-Interglazials zurück. Das ^{14}C-Datum im Hangenden dieses Interstadials ergibt mehr als 36.050 J.v.h. Das folgende Stadial D ist absolut waldlos und weist zentral eine Lücke in der Pollenführung (periglaziale Verhältnisse) auf. Es ist das kälteste aller Stadiale der Unter- und Mittel-Würm-Serie.

Das darüber folgende Interstadial D mit 27.400 J.v.h. datiert, scheint zweigeteilt, wie auch zwei getrennte Gyttjabänder andeuten. Zum ersten Mal treten hier Schotter sowohl unter als auch zwischen den Gyttjabändern auf. Es handelt sich um das kälteste Interstadial der ganzen Serie und ist sehr fichtenreich, jedoch ohne jegliche wärmeliebende Laubwaldelemente. Darüber folgt die Würmmoräne (**Ober-Würm**).

B e d a n k u n g e n : Chefgeologen Dr. S. Prey sowie dem seinerzeitigen Landesgeologen Dr. J. Schadler (†) ist die Auffindung der pleistozänen Mondsee-Serie zu verdanken. Sie führten mich in den Jahren 1956–1972 zu den Aufschlüssen und überließen wertvolle Kartierungsgrundlagen. Daran anschließend förderte Univ. Prof. Hofrat Dr. H. Kohl, seinerzeitiger Direktor des Oberösterreichischen Landesmuseums in Linz tatkräftig die Untersuchungsarbeiten und ermöglichte Grabungen und Bohrungen am Pichlerhang. Neue wertvolle sachkundige Hinweise, sowie Bemühungen um die Drucklegung der Arbeit verdanke ich Herrn Univ. Doz. Dr. Dirk van Husen. Bei den Probenentnahmen erfreute ich mich der unentbehrlichen Mithilfe meines unvergessenen Salinenmitarbeiters Johann Egger (†), sowie der Herren Dr. Schreiber und Dr. Zetter. Die Reinschrift des Manuskriptes sowie Literaturzusammenstellungen besorgte in bewährter Weise Frau Klaudia Fahrbach. Ihnen allen sei herzlich gedankt.

Literatur

AVERDIECK, F.R., 1967. Die Vegetationsentwicklung des Eem-Interglazials und Frühwürm-Interstadiale von Odderade/Schleswig-Holstein. – Fundamenta, 2:101–105, Köln/Graz.

BEUG, H.H., 1979. Vegetationsgeschichtlich-pollenanalytische Untersuchungen am Riß/Würm-Interglazial von Eurach am Starnberger See/Obb. – Geol. Bavarica, 80:91–106, München.

BRELIE, G.v.d., 1955: Die pollenstratigraphische Gliederung des Pleistozän in Nordwestdeutschland, 2. Die Pollenstratigraphie im jüngeren Pleistozän. – Eiszeitalter u. Gegenwart, **6**:25–38, Hannover.

CHALINE, J. & JERZ, H., 1984. Arbeitsergebnisse der Subkommission für Europäische Quartärstratigraphie Stratotypen des Würm-Glazials (Bereiche des SEQS 6). – Eiszeitalter u. Gegenwart, **35**:185–206, Hannover.

DRAXLER, I. & HUSEN, D. v., 1978. Zur Einstufung innerwürmzeitlicher Sedimente von Ramsau/Schladming und Hohentauern (Steiermark). – Z. Gletscherkunde u. Glazialgeol., **14**:105–114, Innsbruck.

DRAXLER, I., HILLE, P., MAIS, K., RABEDER, G., STEFFAN, I. & WILD, E., 1986. Paläontologische Befunde, absolute Datierungen und paläoklimatologische Konsequenzen der Resultate aus der Ramesch-Knochenhöhle. – Mitt. Komm. f. Quartärforschung d. Österr. Akad. Wiss. Wien, **6**:7–66, Wien.

ERD, K., 1973. Pollenanalytische Gliederung des Pleistozäns der Deutschen Demokratischen Republik. – Z. geol. Wiss., **1**:1087–1103, Berlin.

FIRBAS, F., 1925. Zur Waldentwicklung des Interglazials von Schladming a. d. Enns. – Beih. Bot. Cb. 1, **41**:295–310, Kassel.

FIRBAS, F., 1949. Spät- und nacheiszeitliche Waldgeschichte Mitteleuropas nördlich der Alpen Bd. I: Allgemeine Waldgeschichte, 480 S., Jena.

FRENZEL, B., 1967. Die Klimaschwankungen des Eiszeitalters. – 269 S., Braunschweig (Viehweg).

GRÜGER, E., 1979. Spätriß, Riß/Würm und Frühwürm am Samerberg in Oberbayern – ein vegetationsgeschichtlicher Beitrag zur Gliederung des Jungpleistozäns. – Geol. Bavarica, **80**:5–64, München.

GRÜGER, E., 1979 b. Die Seeablagerungen vom Samerberg/Obb. und ihre Stellung im Jungpleistozän. – Eiszeitalter u. Gegenwart, **29**:23–34, Hannover.

HUSEN, D. van, 1977: Zur Fazies und Stratigraphie der jungpleistozänen Ablagerungen im Trauntal. – Jb. Geol. B.-A., **120/1**:1–130, Wien.

HUSEN, D. van, 1983. Zum Ablauf des Hoch- und Spätglazials im oberösterreichischen Trauntal. – In: Führer zu den Exkursionen der S.E.Q.S. im nördlichen Alpenvorland und im Nordalpengebiet, 171–183, München.

JERZ, H., BADER, K. & PRÖBSTL, M., 1979. Zum Interglazialvorkommen vom Samerberg bei Nußdorf am Inn. – Geol. Bavarica, **80**:65–71, München.

JESSEN, K. & MILTHERS, V., 1928. Stratigraphical and Paleontological Studies of Interglacial Freshwater Deposits in Jutland and Northwest Germany. – Danm. Geol. Unders. 2. R., **48**:334–375, København.

JUNG, W., BEUG, H.J., DEHM, R., 1972. Das Riß/Würm-Interglazial von Zeifen, Landkreis Laufen a.d. Salzach. – Bayer. Akad. Wiss., math.-naturwiss. Kl., Abh., N.F., **151**:1–131, München.

KLAUS, W., 1962. Zur pollenanalytischen Datierung von Quartärsedimenten im Stadtgebiet von Wien, südlichen Wiener Becken und Burgenland. – Verh. Geol. B.-A., **1962**/H. 3, Wien.

KLAUS, W., 1967. Pollenanalytische Untersuchungen zur Vegetationsgeschichte Salzburgs: Das Torfmoor am Walserberg. – Verh. Geol. B.-A., **1967**/H. 1–2, Wien.

KLAUS, W., 1975. Das Mondsee-Interglazial, ein neuer Florenfundpunkt der Ostalpen. – Jb. OÖ. Musealverein, **120**:315–344, Linz.

KLAUS, W., 1976. Die Riß/Würm-Interglazial von Mondsee. – Mitt. d. Komm. f. Quartärforschung der Österr.

Akad. Wiss., 1:14–24, Wien.

KLAUS, W., 1978. Vorläufige palynologische Ergebnisse aus der Grabung 1975. – Mitt. d. Komm. f. Quartärforschung d. Österr. Akad. Wiss., Fortsetzung Bd. 1: 5–6, Wien.

KLAUS, W., 1981. Das Mondsee-Interglazial, ein neuer Florenfundpunkt der Ostalpen. – Jh. OÖ. Musealverein, 120/I:315–344, Linz.

KLAUS, W., 1983. Der pollenanalytische Nachweis einer geschlossenen Serie würmzeitlicher Klimaschwankungen über dem R/W-Interglazial von Mondsee. – INQUA-Subkomm. Europ. Quartärstratigraph. Exkursionsführer, 157–170, München.

KLAUS, W., 1986. Einführung in die Paläobotanik. Bd. 2 (mit Mondsee-Klimadiagramm). – (Verlag Deuticke), Wien.

KNEBLOVA, V., 1960. Paläobotanische Forschung interglazialer Travertine in Gánovce. – Biol. Arbeit. d. Biol. u. Wiss. d. Slowak. Akad. d. Wiss., 6/4:1–42, Tschechisch (dtsch. Zusammenfassung).

KOHL, H., 1977. Die spätriß- und würmeiszeitlichen Gletscherstände im Traunseebecken und dessen Seestände. – Jb. OÖ. Musealverein, 121/1:251–286, Linz.

KOHL, H., 1978: Das Riß/Würm-Interglazial von Mondsee, vorläufige Ergebnisse aus der Grabung 1975. – Mitt. d. Komm. f. Quartärforschung d. Österr. Akad. Wiss., Ergänzung zu Bd. 1:1–5, Wien.

KOHL, H., 1981. Das Quartär in Oberösterreich und die internationale Quartärforschung. – Jh. OÖ. Musealverein, 126/I, Linz.

KOHL, H., 1983. Beiträge zur Quartärstratigraphie aus dem oberösterreichischen Raum. – Arb. z. Quartär- und Klimaforschung, Innsbrucker Geograph. Stud., 8 (Fliri Festschrift), Innsbruck.

MENKE, B., 1976. Neue Ergebnisse zur Stratigraphie und Landschaftsentwicklung im Jungpleistozän Westholsteins. – Eiszeitalter und Gegenwart, 27:53–68, Hannover.

PREY, S., 1959. Zwei Tiefbohrungen der Stiegelbrauerei in Salzburg. – Verh. Geol. B.-A., 1959/H. 2, Wien.

RABEDER, G., 1985. Die Grabungen des oberösterreichischen Landesmuseums in der Ramesch-Knochenhöhle (Totes Gebirge, Warscheneck-Gruppe). – Jb. OÖ. Musealverein, 130, Linz.

SCHMEIDL, H., 1971. Ein Beitrag zur spätglazialen Vegetations- und Waldentwicklung im westlichen Salzachgletschergebiet. – Eiszeitalter und Gegenwart, 22:110–126, Hannover.

SCHADLER, J., 1958. Geologisches Gutachten für das Autobahnbauwerk S 18 (17. VII. 1958) (Manuskript).

WASMUND, E., 1930. Lakustrische Unterwasserböden (Seeablagerungen der nördlichen humiden Breiten). – In: BLANCK, E., Handb. Bodenl., 5:97–189, Berlin.

WELTEN, M., 1981. Verdrängung und Vernichtung der anspruchsvollen Gehölze am Beginn der letzten Eiszeit und die Korrelation der Frühwürm-Interstadiale in Mittel- und Nordeuropa. – Eiszeitalter und Gegenwart, 31:187–202, Hannover.

WELTEN, M., 1982. Pollenanalytische Untersuchungen im jüngeren Quartär des nördlichen Alpenvorlandes der Schweiz. – Beitr. z. Geol. Karte d. Schweiz, N. F., 156 (I. Bd.: Text; II. Bd.: Diagramme), Bern.

WOILLARD, G., 1975. Recherches palynologiques sur le pleistocene dans l'est de la Belgique et dans le Vosges Lorraines. – Acta Geogr. Lovaniensia, 14: 118 p., Loivain–La-Neuve.

WOILLARD, G., 1978. Grande Pile peat bog: a continous pollen record for the last 140000 years. – Quarternary Research, 9:1–21, New York.

ZAGWIJN, W. & PAEPE, R., 1968. Die Stratigraphie der weichselzeitlichen Ablagerungen der Niederlande und Belgiens. – Eiszeitalter und Gegenwart, 19:129–146, Hannover.

DIE ENTWICKLUNG DES TRAUNGLETSCHERS WÄHREND DES WÜRM–GLAZIALS

Dirk van HUSEN

mit 5 Tafeln (2–6)

Abstract

A comprehensive overlook is given from the geological development during the last glaciation in the Traun valley (Upper Austria).
During the late Würm the glaciers in the Traun valley reached first a „Maximalstand" of a short duration. Later a longer lasting „Hochstand" formed the main terminal moraine connected with the „Niederterrasse". Forming of the ice streams as well as downwasting took a short time according to the sediment record. The reason was that only a very lowly located equilibrium line created larger accumulation areas in the valley bottoms. But then a very rapid growth of the valley glaciers was caused by a little lowering of the equilibrium line. The downwasting was again caused by a little raising of the equilibrium line assisted by lake forming and calving especially in the overdeepened areas. During this event – probably around 17,000 BP – more than 50 % of the distal part of the glacier were lost. After two short reactivations of the ice streams, probably around 16,000 BP the valley bottoms became nearly free of ice at the beginning of the Oldest Dryas. During this period a short but distinct glacier advance occurred around 14.000 BP (Gschnitz) forming clear terminal moraines. After that the valley bottoms finally became free of ice. During Older Dryas and Younger Dryas only the highest central part of the Dachsteinplateau was covered with bigger glaciers.

Zusammenfassung

Es wird die geologische Entwicklung im weit verzweigten Einzugsgebiet der oberösterreichischen Traun während der letzten Eiszeit beschrieben. Die ältesten Ablagerungen – neben den lakustrinen Sedimenten von Mondsee (s. W. KLAUS, dieser Band) – sind grobe Kiese und Bändertone, die während des endgültigen Eisaufbaues wohl erst nach 25.000 BP abgelagert wurden. Dieser erfolgte erst als die Gleichgewichtslinie so tief abgesunken war, daß die Eismassen unterhalb der Plateauränder ins Einzugsgebiet integriert wurden. Durch das geringe Gefälle der Talböden kam es dann zu einem sehr raschen Erreichen der maximalen Ausdehnung der Eismassen. Diesem kurzfristigen, mit einer Sanderschüttung verknüpften „Maximalstand" folgt ein länger bestehender „Hochstand", der mit der Hauptschüttung der Niederterrasse verknüpft ist.
Das Abschmelzen der Gletscherzungen von diesen Endlagen erfolgte wahrscheinlich schon sehr früh, um 17.000 BP, und aus besagten topographischen Gründen wieder sehr rasch. Dazu kam wahrscheinlich noch der Effekt des Kalbens in große Seen (besonders in den übertieften Bereichen), das den Abschmelzvorgang dermaßen beschleunigte, so daß von einem Zusammenbruch der distalen 50 % der Eisströme gesprochen werden kann.
Diese Abschmelzphase wurde nur von zwei kurzen Wiederbelegungen der Eisströme (Ischler Stand und Jochwand Stand) unterbrochen, die, einem ^{14}C-Datum im Mitterndorfer Becken entsprechend, wahrscheinlich um 16.000 BP erfolgten. Danach wurden die Talböden weitgehend eisfrei. Die daran anschließende Erwärmung und die Ausbildung einer Kräutervegetation während der Ältesten Dryas wurde um ca. 14.000 BP durch einen kräftigen Vorstoß (Goiserer Stand) aller Gletscherzungen unterbrochen, der dem Gschnitz entspricht. Danach wurden die Talböden endgültig eisfrei. Nur um das zentrale Dachsteinplateau erreichten die Gletscherzungen nochmals als regenerierte Eiszungen den Talboden während der Älteren Dryas. Während der Jüngeren Dryas war nur noch das zentrale Dachsteinplateau vergletschert. Parallel zu diesem Eisrückzug entwickelten sich zum Teil riesige Massenbewegungen.

Adresse des Autors: Univ. Doz. Dr. Dirk van HUSEN, Institut für Grundbau, Geologie und Felsbau der Technischen Universität Wien, Abteilung Geologie, Karlsplatz 13, A–1040 Wien.

Einleitung

Die Arbeit soll eine kurze, zusammenfassende Darstellung aller mit der letzten Eiszeit (Würm) zusammenhängenden geologischen Vorgänge (Gletscherentwicklung, Sedimente, Erosion, Massenbewegungen) und deren zeitlichen Rahmen geben. Sie fußt auf den wesentlich detaillierteren Darstellungen auf den Geologischen Spezialkarten 1:50.000 95 St. Wolfgang (1982), 96 Bad Ischl (1982) und den im Druck oder in Druckvorbereitung befindlichen Blättern: 64 Straßwalchen, 65 Mondsee, 66 Gmunden, sowie der Geologischen Themakarte 1:50.000 (Jb. Geol. B.-A., **120**, 1977). Diesen Karten mögen die vielen Details entnommen werden, die aus Gründen des Umfangs im Text keine Erwähnung fanden und wegen des Maßstabes in den beiliegenden Karten nicht darstellbar waren, aber trotzdem wichtige Grundlagen für die Schlußfolgerungen sind.
Ebenso muß für viele der im Text benötigten aber in der Karte der Lesbarkeit wegen nicht verzeichneten Lokalnamen auf die topographischen Karten verwiesen werden.

Ablagerungen des Eisstromnetzes (Tafel 2)

AUFBAUPHASE

K i e s e : Im Becken von Bad Aussee finden sich in den engen Talabschnitten grobe Konglomerate. Sie sind sowohl an der Grundlsee Traun als auch an der Altausseer Traun entwickelt und flußabwärts bis zur Ortschaft Sarstein zu verfolgen. Anfänglich nur wenige Meter mächtig, gewinnen die Ablagerungen rasch 20–30 m Mächtigkeit und zeigen durchwegs eine gut ausgebildete Talrandverkittung. Es treten nur Gerölle aus Liefergebieten des engeren Talbereiches in den groben, sandreichen Kiesen auf, die meist nur mäßige Rundung zeigen. In den hangenden Partien der Kiese ist eine Zunahme der Korngröße bei abnehmender Rundung zu bemerken.
Im Hangenden sind diese Ablagerungen großflächig von der Grundmoräne des Würm-Hochglazials bedeckt, die weitgehend das Becken von Bad Aussee auskleidet. Die Kiese weisen einerseits an manchen Stellen durch rasche Zunahme des Feinstoffgehaltes einen Übergang in die Grundmoräne, andererseits eine erosive Oberfläche mit scharfer Grenze in die Grundmoräne auf.
Die Kiese liegen einem welligen Relief auf, das von Grundmoräne und Haselgebirge gebildet wird und einen älteren Talboden darstellt. Die Grundmoräne zeigt eine weit fortgeschrittene chemische Verwitterung, die zu Entkalkung und tief greifender Oxydation geführt hat (D. van HUSEN 1977, 14). Sie entspricht in ihrem Erscheinungsbild und in ihrer Zusammensetzung dem des Würm-Hochglazials und ist demnach der vorletzten Großvereisung in diesem Raum zuzuordnen. Die Grundmoräne war immer wieder an verschiedenen Stellen im Liegenden der Konglomerate und Kiese aufgeschlossen und wurde von G. GÖTZINGER (1936, 94) als Rißmoräne beschrieben.
Bei diesen Kiesablagerungen handelt es sich um Vorstoßschotter, die unmittelbar vor den Gletscherzungen des Toten Gebirges (Grundlsee-, Altausseer Gletscher) zur Ablagerung kamen, als diese das Ausseer Becken zu füllen begannen und ca. die Ausdehnung derer der Gschnitzzeit aufwiesen (s. Taf. 5). Sie entsprechen zeitlich wie faziell (D. van HUSEN 1983) somit am ehesten den Vorstoßschottern, wie sie in den großen Tälern der Ostalpen weit verbreitet sind (Inntal: F. FLIRI 197 ; Gailtal: D. van HUSEN 1982).

S c h l u f f e : In den Seitentälern des Trauntales (Goiserer Weißenbach, Frauenweißenbach, Offenseebach, Langbathbach) und im Ackergraben am Südende des Attersees finden sich mächtige Schluffablagerungen, die Reste ehemaliger Talfüllungen darstellen (s. Taf. 2).
Die durchwegs horizontal geschichteten Ablagerungen weisen stark unterschiedlich mächtige Lagen auf, die auf sehr schwankende Sedimentzuführung hindeuten. Strukturen wie subaquatische Gleitungen, Diapirismus, zeigen sehr rasche Sedimentation, die häufig auftretenden Driftblöcke eisrandnahe Bedingungen an. Fallweise auftretende Sand- und Grobsandlagen weisen Strömungsrippel auf und deuten auf zeitweise stärkere Strömungen in den Seebecken hin (D. van HUSEN 1977, 103 ff.).

Bei diesen Ablagerungen handelt es sich um Füllungen kurzlebiger Stauseen, die durch die progressive Abdämmung der Nebentäler durch den Gletscher im Haupttal aufgestaut wurden. Später wurden sie dann von den Eismassen der Lokalgletscher überfahren und mit Grundmoräne bedeckt.

HOCHGLAZIAL

Nach Beendigung des Eisaufbaues erfüllte ein weit verzweigtes, mächtiges Gletschersystem das Trauntal und seine Beckenlandschaften. Die Ausgangszentren der Eisbildung und die Haupteinzugsgebiete waren die Plateaus des Toten Gebirges und des Dachsteins mit der Hochfläche „Am Stein".
Ab Bad Ischl beginnt sich der Eisstrom aufzuspalten. Ein mächtiger Ast floß im Trauntal bis Gmunden, ein zweiter erfüllt die Furche Ischltal – Wolfgangsee – Fuschlsee. Hauptsächlich von diesem zweigen über niedrige Sättel mehrere Eisströme ab, die die Becken (Attersee, Oberwang, Irrsee, Thalgau und Tiefbrunau) mit Eiszungen erfüllten, so daß das System des Traungletschers letztlich sieben Zungen aufwies (Taf. 3).

T r a u n s e e : In der Bucht von Viechtau (N Traunkirchen) setzt beim Gasthof Burgstein (Mühlbachberg) in 620 m ein mächtiger, breiter Wall an, der nur durch den Mühlbach unterbrochen in weitem Bogen bis zu der Flyschaufragung bei Jödlleiten zieht. Nördlich dieser setzt er sich bei Gottshaus bis zum Grasberg fort. Dieser markante Moränenwall wird fast ausschließlich aus den kalkalpinen Materialien des gesamten Einzugsgebietes des Trauntales gebildet, wozu noch ca. 2–3 % unverwitterte Kristallingeschiebe (Gneis, Amphibolit, Glimmerschiefer, Quarze) und bereits einige Flyschbrocken (Gottshaus) kommen. Am Mühlbach- und Kollmannsberg, um ca. 20–30 m höher und westlich Jödlleiten 100–200 m außerhalb, finden sich noch kleine Staukanten und Moränenwälle, die eine etwas größere Gletscherzunge nachzeichnen, die den Flyschrücken bei Jödlleiten noch überwand und von dieser nicht in zwei Zungen geteilt wurde (D. van HUSEN 1977, 28 f.).
An dieser Gletscherzunge bildeten sich ausgedehnte Staukörper, die im Mühlbach als Reste vorliegen, wogegen die über 100 m mächtige Talfüllung östlich Neukirchen unzerschnitten ist, da durch die Flußverlegung der Aurach kein größerer Bachlauf vorhanden ist (D. van HUSEN 1977, 13, 30).
Am Nordende ist ebenso eine Zweiteilung der Moränenzüge zu beobachten. So setzt bei Hocheck (Altmünster) wieder ein breiter, mächtiger Wall ein, der über Eck – Hochkogel – Cumberland bis zum Nordabfall des Grünberges zu verfolgen ist. Er zeigt die selbe Zusammensetzung wie der vorhin beschriebene, nur daß schon viel mehr Flyschgeschiebe auftreten. Außerhalb dieses Endmoränenzuges finden sich auch Reste einer größeren Eisausbreitung, wie z. B. die kleinen Moränenhügel beim OKA Gebäude in Gmunden. Mit dieser maximalen Ausdehnung der Gletscherzung war eine steile Sanderschüttung verknüpft, die heute noch im obersten Niederterrassenniveau zu erkennen ist, während mit dem mächtigen Moränenwall das etwas tiefer liegende Hauptniveau der Niederterrasse verknüpft ist. Dieses weist auch ein geringeres Gefälle auf, so daß das höhere Niveau nach einigen Kilometern mit diesem verschmilzt (D. van HUSEN 1977, 32 f.).
War diese erste Schüttung noch eine allgemeine im Vorfeld, so war die Bildung des Hauptniveaus der Niederterrasse auf drei Hauptstränge (Zementwerk, N Hochkogel, Wasserloser Bach) beschränkt. Erst mit dem Zurückweichen der Gletscherstirn am Ende des Hochglazials von den Moränen erfolgt eine Konzentration auf zwei und letztlich auf einen Abfluß (H. KOHL 1974).
Die starke Auflösung der Endmoränen um den Hochkogel in Moränen und Kameshügel (Kalvarienberg) wird wahrscheinlich ebenso wie die eigenartige Ausstülpung östlich Cumberland auf das Relief des praequartären Untergrundes zurückzuführen sein (D. van HUSEN 1977, 31).

A t t e r s e e : Die Gletscherzunge im Atterseebecken wurde durch den Eisstrom über das Mitterweißenbachtal südlich des Höllengebirges (Taf. 2) gebildet. Die Eismassen drangen in die Furche des Kienbaches bei Steinbach ein, wo ihre Erstreckung von einem breiten Moränenwall (Aubodenhütte) mit anschließendem mächtigen Staukörper (Ahornmahd) und den zwei akzentuierten Wällen bei Oberfeichten und den kleinen Wällen oberhalb der Kienklause nachgezeichnet wird. Im eisfreien Bereich (Kienklause) kam es im Vorfeld der Zunge zur Ausbildung eines Staukörpers, dessen Reste im Zwieselbach liegen.

Weiter nördlich wurde der Quelltrichter bei Alexenau bis in eine Höhe von ca. 700 m (Moräne Kote 708 m) abgedämmt, wodurch ein mächtiger Staukörper entstand. In die weiter geöffnete Mündung des Weyregger Baches drang das Eis ein (Moräne Zinnerberg 640 m) und bedingte ebenso eine ausgedehnte Talfüllung durch die Stauwirkung (Miglberg, Bruchbach, Miesenberg).
Am Westufer sind die ersten Moränenwälle erst nördlich der Massenbewegung am Höllerberg (s. Kap. glaziale Talgestaltung, Massenbewegungen) erhalten. So stellt der langgestreckte Rücken bei Schwarzenbach einen Endmoränenwall dar, der mit Unterbrechungen bis Mahtbauer verfolgbar ist. Begleitet wird dieser breite Wall westlich von kleinen Moränenwällen, die wieder eine etwas größere Eisausdehnung markieren.
Nördlich der Steilflanke des Reitergupfes setzt im Näßtalbach bei Grubwies wieder ein mächtiger Wall an, der als breiter, geschlossener Wall bis Schloßberg zieht. Hier spaltet er sich in drei Züge auf. Der äußerste ist über Verwang – Kirche St. Georgen – Alkersdorf zu verfolgen und wird aus niedrigen, weitgehend von Niederterrassensedimenten umgebenen Wällen gebildet (H. SPERL 1985, 15).
Innerhalb dieses Zuges folgen Gruppen von bis zu 20 m hohen Moränenwällen, die generell zu zwei Wallzügen zusammengefaßt werden können, wovon der innere schon ein deutliches Zurückweichen der Eisfront markiert. Von ihm geht auch keine wesentliche Niederterrassenschüttung mehr aus, was auf eine Internentwässerung ins Zungenbecken hinweist. Die im Bereich des St. Georgener Lobus hauptsächlich von der äußeren hohen Wallgruppe ausgehende Niederterrasse zeigt keine Untergliederung (H. SPERL 1985, 17), sondern nur ein Niveau, das entlang der Dürren Ager als Hauptniveau zu verfolgen ist.
Am Nordende des Atterseebeckens (Seewalchen, Schörfling) ist wieder ein Kranz niedriger Moränenwälle, der, meist von Niederterrassenschüttungen umschlossen, von Kemating über Steindorf bis Roitham zieht ohne aber östlich der Ager eine Fortsetzung zu finden (H. SPERL 1985; G. FORSTINGER 1980).
Der innere, auch hier von wesentlich mächtigeren Moränenanhäufungen gebildete, stärker untergliederte Kranz ist von Haining über Ainwald, Egelsee, Autobahnabfahrt Seewalchen, Schörfling bis zum Nordabfall des Häfelberges zu verfolgen. Von ihm geht auch die Hauptschüttung der Niederterrasse aus, die ebenso wie in St. Georgen in den engen Tälern jegliche, möglicherweise vorhanden gewesene, frühere Sanderschüttung überdeckte. Nur in der Talweitung östlich der Ager zeigt das höhere Niveau der Niederterrasse bei Fantaberg – Steinbach eine wahrscheinliche Zweiphasigkeit der Schüttung an ohne aber wie das tiefere eine Verbindung zu Endmoränenwällen aufzuweisen (G. FORSTINGER 1980).
Hier ist ebenso wie am Nordende des Traunseebeckens mit dem Zurückweichen der Eisfront eine ruckweise Umstellung von peripheren Schmelzwasserrinnen auf einen zentralen Abfluß zu rekonstruieren.
Die petrographische Zusammensetzung der Geschiebe in den Endmoränen zeigt neben den kalkalpinen Komponenten einen hohen Prozentsatz an Flysch, der der etwas längeren Talstrecke in der Flyschzone entspricht (Taf. 3: Geschiebeanalysen, 15–24). Es finden sich aber auch hier noch hin und wieder Kristallingeschiebe, die an zwei Punkten, 17 und 22, sogar um 1 % erreichten.

B e c k e n   v o n   O b e r w a n g : Das Mondseebecken wurde von Eismassen, die vom Atterseesüdende über die Furche des Schwarzensees und den Sattel nördlich St. Gilgen zuflossen, erfüll, von wo das Eis hauptsächlich nach W (Thalgau) und N (Irrsee) abfloß. Ein Ast des Trauneises drang aber in das Einzugsgebiet der Wangauer Ache ein und erfüllte es bis Schweibern im Osten und bis Gebhart im Norden. Der äußerste Moränenzug ist von Schermberg über Riedschwand – Gebhart zu verfolgen, wo er im Talboden aus einer Vielzahl tiefgestaffelter Moränenhügel besteht. Er ist mit einer Niederterrassenschüttung verknüpft, die über Straß mit der bei St. Georgen korrespondiert. Weiter östlich ist diese maximale Ausdehnung des Eises nur noch in wenigen kurzen Moränenwällen und Staukanten zu verfolgen. Sie finden sich oberhalb Widmais, Streit, Aichereben, wovon nur die bei Streit eine etwas größere Erstreckung aufweist.
Innerhalb dieser Moränen ist ein deutlich zweigeteilter Moränenzug aus wesentlich mächtigeren Wällen erhalten, der oberhalb der Konradskapelle ansetzt und über Kulmbauer – Stadl – Grossenschwand – Rodbauer – Widmais – Gesenwand verläuft. Er bildet nördlich Oberwang die Talwasserscheide oh-

ne aber mit einer eigenen Terrassenschüttung verknüpft zu sein. Die Entwässerung erfolgte intern, zurück ins Becken des Mondsees. Die Terrassenebene entlang des Ruezingbaches, die diese Wallgruppe von der äußeren trennt, ist nur von diesem gebildet worden und führt auch überwiegend Flyschgerölle. Sie verläuft im Niveau der Terrasse weiter im Norden. Im östlichen Teil ist dieser Gletscherstand nur durch Moränen am Graßberg–Radau–Schweibern am Steingraben und Kasgraben markiert, die am Graßberg und Steingraben mit mächtigen Staukörpern in abgedämmten Quelltrichtern verknüpft sind.
Auffällig an der Zusammensetzung der Moränenmaterialien ist, daß diese des äußeren Standes (Geschiebeanalyse 14) generell wesentlich weniger erratisches (kalkalpines) Material enthalten als die des jüngeren (Geschiebeanalyse 25), was auf eine längere Dauer hinweisen könnte. Am Graßberg fand sich ein faustgroßes Geschiebe eines unverwitterten Gneises.

Irrsee: Im Bereich der Zunge des Irrsees ist der Endmoränenkranz nur mit wenigen kurzen Unterbrechungen erhalten geblieben, der das nahezu völlig mit Grundmoräne ausgekleidete Zungenbekken in modellhafter Ausbildung umschließt. Die Endmoränen setzen in ca. 800 m Höhe östlich des Forsthauses am Mondseeberg an, umschließen das Wildmoos und ziehen dann über Wiehlmoos mit Unterbrechungen unterhalb des Lackenberges über Lacken, Oberbrandstatt, Lindenkapelle, Schweibern, Draxler, Eck, Gumpenroith, Kogel bis nördlich Oberhofen. An der westlichen Seite setzen die Wälle ebenso in 800 m unterhalb der Kolomansenke an und ziehen über die Ruine Wildeneck, Stadl, Ginzing, Höhenroith bis Taigen.
Die Wälle sind anfänglich breit, mächtig und wenig gegliedert, zeigen aber zur Zunge hin eine zunehmende Aufgliederung. So beginnt bei der Ruine Wildeneck eine Absplitterung eines äußeren, gering mächtigen, in kleine Hügel aufgelösten Moränenwalles, der eine Ausbuchtung des Gletscherrandes zur Zeit seiner größten Ausdehnung nach Westen bis Roid anzeigt, während der mächtige innere Wall einen geraden Verlauf über Ginzing aufweist. Ebenso zeigt der äußerste undeutliche Wall bei Taigen, gemeinsam mit den Wallresten im Wald südlich Pierach an, daß zu jener Zeit die Irrseegletscherzunge bis knapp vor Irrsdorf reichte, während sie im nachfolgenden Stand die mächtigen Moränenwälle bei Haslach und nördlich Oberhofen aufschüttete.
Eine ebenso deutliche Gliederung ist im Bereich Haslach zu erkennen. Verlaufen die niedrigen Moränen der größten Ausdehnung von Schweibern über Häusern und Entachern, so krönen die mächtigen Wälle die Höhe am Übergang aus dem Irrseebecken ins Vöcklatal. Hier ist auch innerhalb dieses markanten Moränenzuges eine deutliche Wallgruppe entwickelt, die wie ihre Äquivalente an der anderen Talseite bei Stampfl–Gegend eine bereits stark geschrumpfte Gletscherzunge nachzeichnet. Um die Lindenkapelle–Oberbrandstatt ist eine starke Aufgliederung der Wallformen in Einzelzüge mit Toteisformen erhalten, die in ihrer Frische an rezente Moränenschüttungen erinnern.

Thalgau: Die Talfurche des Thalgaues war bis in eine Höhe von 800 m mit Eis erfüllt, das aber nach Westen zu kaum ein Gefälle aufwies, da es hier mit dem Salzachgletscher zusammenstieß, was offensichtlich zu einem Stau führte.
Der Eisrand wird am Thalgauberg durch mächtige Moränenwälle unterhalb Burschach und bei Stokker markiert, außerhalb derer sich immer wieder etwas höher liegende kleine Wälle eines etwas mächtigeren Standes finden. Im Quelltrichter des Fichtbaches ist bei Wasenmoos ein mächtiger, ausgedehnter Staukörper entstanden, der wegen einer epigenetischen Felsschwelle im Bachbett noch sehr wenig von der rückschreitenden Erosion zerschnitten ist. An der Südseite sind Staukörper und Moränen bei Unterholz–Göttner am Nordabfall des Schober ausgebildet, die sich ab Göttner mit den Wällen der Gletscherzunge in der Fuschlseefurche zu einem Mittelmoränenwall vereinigen.

Fuschlsee: Im Bereich des Überganges aus dem Becken des Wolfgangsees zum Fuschlsee wird die Eishöhe durch kleine Moränen um das Höllkar mit ca. 1100 m angezeigt. Von hier an verlor die Eisoberfläche nach Norden (1060 m südlich Almkogl) sowie nach Westen rasch an Höhe. Das Eis drang über die Scharte der Eibensee Alm mit einer steilen Zunge ins Einzugsgebiet des Eibenseebaches ein und schüttete die Moräne auf, die den Eibensee umschließt. Ebenso drang das Eis den Eibenseebach aufwärts vor und lagerte die breite Moräne westlich des Wildmooses ab. Zwischen den bei-

den Moränen entstanden in dem eisfreien Talstück die Schwemmebene und das Moor im Wildmoos. Dann wird der Rand des Eises erst wieder bei Kaltenreit in ca. 880 m durch Endmoränen belegt, bevor er sich oberhalb Göttner wieder mit dem des Thalgauastes vereinigt.
Die Moränen- und Kamesablagerungen auf dem Rücken zwischen Schnitzlehen und Lanzenreith stammen aus dem beginnenden Eisrückzug und täuschen durch die lang hinziehenden Trockentäler teilweise zusammenhängende Endmoränenzüge vor.
An der Südseite zeigt der Staukörper östlich Filbingsee (dieser selbst stellt eine Karstform dar) den Eisrand in ca. 1100 m an. Dann sind erst wieder südlich Höfnerhäuser in 820 m Endmoränen erhalten, die sehr deutlich ausgebildet über Wildpark – Baderluck – Reitlehen – Hof bis Elsenwang zu verfolgen sind. Die außerhalb dieses Zuges liegenden Ablagerungen bei Poschlehen und südlich Höfnerhäuser in 870 m zeigen auch hier eine etwas ältere, größere Eisausbreitung an. Ab Eisenwang ist die Moräne des Traungletschers mit der des Salzachgletschers vereinigt und verläuft als Mittelmoräne nach Norden, was sich auch in dem deutlich geänderten Gehalt an erratischen Geschieben (Kristallin) dokumentiert. Die Endmoränen liegen auf mehreren 10-er Metern mächtigen Deltakiesen auf, die in den riesigen Kiesentnahmen gut aufgeschlossen sind. Dabei handelt es sich um die mächtige Füllung der Stauseen, die bei der endgültigen Annäherung der beiden Eiszungen zwischen diesen entstanden sind.

B r u n n b a c h : Über die Sättel der Kühleiten und des Perfalleck drang von der Wolfgangseefurche Eis in das Brunntal ein und bildete eine steile Eiszunge aus. Sie wird am Nordrand durch die Moräne und den Staukörper in 940 m bei Pillstein markiert. An der Südseite sind oberhalb Kurzmühle in 1040 m ein mächtiger, und in 1050 m ein wesentlich undeutlicherer Moränenwall erhalten. Sie zeigen mit steilem Gefälle nach Westen einen Eisrand an, der bei Döller reich gegliederte Endmoränen hinterlassen hat.
Weitere Spuren stellen noch die Staukanten oberhalb Mahd und die Endmoränen bei Hamosan – Hofern – Brandstatt dar. Diese zeigen ebenso wie bei Döller eine schöne Gliederung, wobei der äußerste Wall wieder niedriger und undeutlicher entwickelt ist als die beiden mächtigeren inneren.

L o k a l g l e t s c h e r : Neben dem Eisstromnetz des Traungletschers entwickelten sich am Nordrand der Kalkalpen einige Lokalgletscher, die teilweise mit dem Eisstromnetz in Kontakt traten.
Diese sind die Gletscher am Traunstein (Farngrube, Gschliefgraben), die Gletscher des Offenseetales und des Langbath Tales (D. van HUSEN 1977, 35 f.), sowie an der Schafberg-Nordseite. Hier zeigen die langgestreckten, reich gegliederten Moränen der Eisenauer Alm eine Vergletscherung bis um 1100 m an. Der Hügel nördlich der Buchberghütte, der aus eisrandnahe geschütteten, konglomerierten Kiesen (wahrscheinlich Riß) besteht, ist offensichtlich eisfrei geblieben.
An der Nordseite des Höllengebirges entwickelte sich aus dem Kar unterhalb des Hochleckenkogels ein kräftiger Gletscher, der den Talkessel um die Taferlklause erfüllte. Seine Endmoränen bilden den Sattel Krahbergtaferl und setzen sich in Erratika bis zum Klammbichl fort. Östlich ist noch ein deutlicher Wall bei Großalm entwickelt, der anzeigt, daß Eis bis in den Raum des Forellenhofes gereicht hat (D. van HUSEN 1977, 34 f.).
Unterhalb der weitgehend ungegliederten Steilwand des Höllengebirges sind bei der Aubodenhütte, im Zwieselbach, bei der Aurachkarholzstube und ca. 500 m westlich der Skilifte überraschend mächtige Moränenwälle erhalten. Sie zeichnen kurze Gletscherzungen nach, die den Talboden aber nicht mehr erreichten.

Das Eisstromnetz (Tafel 3)

In allen sieben Gletscherzungen des Traungletschersystems ist eine deutliche Zweigliederung in den Endmoränen zu beobachten. Der ältere und ausgedehntere Gletscherstand wird als „**Maximalstand**" bezeichnet (D. van HUSEN 1977, 43). Er wird durch die undeutlicheren, niedrigeren und weniger zusammenhängenden Endmoränenablagerungen als ein relativ kurzer Gletscherstand ausgewiesen, der aber trotzdem mit einer deutlichen Terrassenschüttung verknüpft ist (Taf. 4, Prof. 2), die an Traun- und Attersee erhalben blieb.

Der darauf folgende als **„Hochstand"** bezeichnete Gletscherstand wird durch die mächtigen, vielgliedrigen und langgestreckten Endmoränenwälle als ein länger dauerndes Ereignis charakterisiert. Die manchmal sehr starke Untergliederung der Endmoränen zeigt starkes Oszillieren des Eisrandes während dieser Periode an (Irrsee, Lindenkapelle, St. Georgen).

Der Hochstand ist mit der etwas flacheren Schüttung der Niederterrasse verknüpft, die die vorhergegangene entweder erodierte oder in engen Talstücken auch überschüttet haben dürfte (St. Georgen, Kemating).

Eine Differenzierung der hochglazialen Endmoränen wurde auch schon früher an anderen Gletschern vorgenommen, wie die Tabelle zeigt. Dabei wird besonders am Salzachgletscher (L. WEINBERGER 1955, 15 f.; E. EBERS 1966, 121 f.) auf die Verknüpfung mit je einer Terrassenschüttung hingewiesen. Da an keiner Stelle trotz zum Teil guter Aufschlußverhältnisse eine beginnende Verwitterung oder noch so schwache Bodenbildung zwischen den Ablagerungen beider Gletscher zu finden war, ist anzunehmen, daß zwischen beiden nur ein geringer zeitlicher Abstand liegt. Es erfolgte wahrscheinlich nur ein geringes Zurückweichen des Eisrandes. Da auch keine sedimentologischen Belege für ein stärkeres Zurückweichen der Eisfront mit anschließendem Wiedervorstoß zu finden waren, wird anzunehmen sein, daß die beiden Gletscherstände nur in einem Rückzug des Eisrandes um einige 100 m begründet sind.

Die Differenzierung beschränkt sich nur auf die engeren Zungenbereiche und ist nach einigen Kilometern nicht mehr in den Endmoränen zu erkennen (z. B. Irrsee), so daß eine konstante Eishöhe im Eisstromnetz während der ganzen Periode des Hochglazials angenommen werden kann, die stellenweise auch durch Moränen belegt ist.

Darüber hinaus finden sich noch manche andere Hinweise für seine Rekonstruktion. Randlich der tief in die alte Landoberfläche eingeschnittenen Karräume am Dachsteinmassiv finden sich Breccien (O. GANSS 1954, 59 Gosauablagerungen), die als Eisrandkörper des Würm–Hochglazials gedeutet werden können (D. van HUSEN 1977, 42). Sie geben die maximale Mächtigkeit der Eisströme an, die diese während des Hochglazials und noch bis ins Spätglazial hinein aufwiesen.

Demnach lag die Oberfläche des Eises im Bereich des zentralen Dachsteinplateaus zwischen 2100 und 2600 m und sank erst unmittelbar am Plateaurand unter 2000 m ab. Dieselbe Höhe erreichte die Eisoberfläche nur noch in den höchsten Anteilen des Toten Gebirges (Taf. 3).

Die großen Beckenlandschaften, Mitterndorfer Becken und Ausseer Becken, waren ebenso wie die Furche des Hallstätter Sees bis ca. 1600–1700 m Höhe mit Eis erfüllt, wobei sich in Position der Plateauränder Steilstufen (besonders südlich des Hallstätter Sees) in der Eisoberfläche entwickelt haben dürften. Aus diesen Becken floß das Eis über die Höhe des Pötschenpasses ab, wobei seine Flußrichtung durch die langgestreckten Drumlins des Ausseer Beckens (z.B. Hotel Wasnerin) angezeigt wird. Weiter erfolgte der Abfluß, vereinigt mit dem Eisstrom aus dem Hallstätter See, in den Raum von Bad Ischl, wo immer noch ca. 1400 m Eishöhe aus mehreren Beobachtungen (D. van HUSEN 1977, 39) anzunehmen sind. Das in den Beckenlandschaften (Mitterndorf, Aussee, Goisern und Ischl Tal) geringe Oberflächengefälle der Eisströme (Taf. 3 und 4, Prof. 1) resultierte aus den recht engen Abflußquerschnitten, die wohl einen deutlichen Rückstau erzeugten. Die hier abfließenden Eismassen führten entsprechend ihrer Herkunft nur Geschiebe der Plateau-(Dachsteinkalkfazies) und Beckenlandschaften (Hallstätterfazies). Dazu kamen noch nennenswerte Anteile an Kristallingeschieben, die aus dem Ennstal über die Furche zwischen Kammspitz und Grimming ins Trauneinzugsgebiet gebracht wurden. Daß diese nicht von Augensteinablagerungen der Hochplateaus stammen, ist neben der fehlenden Verwitterung auch dadurch zu belegen, daß sie südlich von Bad Ischl nicht auftreten, was darauf zurückzuführen ist, daß Ferneis aus dem Ennstal erst so spät übertreten konnte, als die Beckenlandschaften bereits mit Lokaleis erfüllt waren. Darüber hinaus waren die großen Dolinen auf den Plateaus mit Eis erfüllt und wurden von den Eisströmen nicht durch-, sondern überflossen, wodurch es kaum zu Eiserosion in ihren tieferen Teilen kam. Die ab diesem Raum (Bad Ischl) erfolgte Aufspaltung in viele Eisströme ist neben den topographischen Gegebenheiten auch durch die Geschiebeverteilung in den Grundmoränen belegbar. So zeigen die Kristallingeschiebe in den Endmoränen um den Traun- und Attersee an, daß die Eismassen aus dem östlichen Teil des Einzugsgebietes in diese Becken abflossen. Dabei dürfte der Eiszug zum Attersee hauptsächlich über die breite Furche Mitterweißenbach Stehrerau – Äußerer Weißenbach, weniger über die Schwarzenseefurche erfolgt

sein. Wie die Einzelfunde an Kristallin zeigen, dürfte etwas Material aus dem Ennstal noch in den Bereich des Mondsees und von dort in die Zunge von Oberwang und sogar bis in die des Irrsees gelangt sein.
Der im Ischltal E–W verlaufende Eisstrom wird hauptsächlich durch seinen Gehalt an Geschieben aus den Gosauablagerungen charakterisiert. Diese sind stark in den Moränenablagerungen um den Fuschlsee und am Südrand des Thalgauastes zu finden. In diesen Bereichen, und besonders am Südrand des Fuschlseebeckens und in der Zunge des Brunntales treten stark die Jurakalke der Oberalmer Schichten hervor. Die aus diesen Geschiebeanalysen ableitbaren Eisflußrichtungen wurden in Tafel 3 mit Pfeilen markiert, wobei die Größe dieser auch den Versuch einer Aussage über die Menge darstellt.

Glaziale Talgestaltung (Tafel 2 und 4)

Wie in allen ehemals vergletscherten Tälern der Alpen war auch im Trauntal die Umgestaltung durch die glaziale Erosion der eiszeitlichen Gletscherströme und besonders des der letzten Eiszeit sehr stark. Die Umgestaltung der Täler zu U-Tälern ist in Bereichen gleichförmigerer, harter Gesteine noch sehr schön erhalten, wie am Altausseer See, Toplitzsee oder am Hallstätter See (Koppenwinkel, Lahnfried, Echerntal), sowie an dem gestreckten Abschnitt Bad Ischl – Traunkirchen im Trauntal, der einer Störung folgt.

ÜBERTIEFTE BEREICHE: Im gesamten Verbreitungsgebiet des Traungletschers finden sich in allen Zungenbereichen übertiefte Becken, die eine teilweise beachtliche Tiefenlage des Felsbettes aufweisen (vgl. Taf. 2) und fast durchwegs durch Seen und mit ihnen verknüpften Deltaschüttungen markiert werden.
Dabei ist im Trauntal ohne eine erkennbare Änderung der Untergrundverhältnisse ab Langwies der Beginn eines Absinkens der Felssohle erfaßbar, das gut mit der Position der Gleichgewichtslinie des Eisstromnetzes in ca. 1100 m korrespondiert (Taf. 4, Prof. 1). Eine durchaus vergleichbare Position weisen noch das Ostende des Wolfgang Sees bei Strobl, und das Südende des Attersees auf, wo aber durch die Grenze Kalkalpen – Flysch eine deutliche Stufe entwickelt ist. Die Becken erstrecken sich bis knapp nördlich der Würmendmoränen, wo der praequartäre Untergrund, wieder durch die Bohrung der RAG weitgehend erfaßt, in geringer Tiefe liegt (H. FLÖGL 1969, Karte 5).
Neben dieser Gruppe am äußersten Ende der Eiszungen treten im Verlauf des Trauntales noch im Oberlauf mehrere übertiefte Felswannen auf, die an den Rand der großen Plateauflächen gebunden sind. Sie liegen aber ebenso wie die nördlichen im Zungenbereich der eiszeitlichen Eisströme, in dem der spätglazialen Gletscherzungen (Gschnitz) (D. van HUSEN 1979, 15 f.). In den Bereichen zwischen diesen Wannen sind keine nennenswerten Übertiefungen im Talprofil zu erkennen (Taf. 4, Prof. 1).
Auch an Stellen starker Konfluenz und Diffluenz der Eisströme ist keine Änderung der Höhenlage der Felssohle zu bemerken. Nur südlich Bad Ischl ist über einem ausgedehnten Haselgebirgsvorkommen eine Wanne ausgeschürft, die, durch die Bohrung der Salinenverwaltung erschlossen, mit 40 m schluffiger Kiese erfüllt ist. Die sonst im Talverlauf auftretenden Felsschwellen und mit Sediment gefüllten Talweitungen zeigen keinerlei Zusammenhang mit der petrographischen Zusammensetzung der Talsohle. Ausnahmen stellen nur das Westende des Wolfgang Sees und Mondsees dar, wo durch petrographische Unterschiede Felsschwellen erhalten blieben, deren Bildung möglicherweise auch durch Diffluenz begünstigt wurde.
Diese regionalen wie qualitativen Zusammenhänge (die größten Übertiefungsbeträge sind im Bereich der mächtigsten Zungen) deuten darauf hin, daß die Entstehung dieser übertieften Bereiche mit verstärkter Erosion, bedingt durch hohe Fließgeschwindigkeit und zunehmendes Angebot an Basisschutt, in Zusammenhang gebracht werden kann. Dabei sind die Becken im nördlichen Teil des Gletschersystems das Produkt aller Eiszeiten, während die südlichen Gletscherständen zuzuschreiben wären, die im Spätglazial sowie vor dem glazialen Großereignis (s. oben) öfter für längere Zeiträume erreicht worden sein dürften.

MASSENBEWEGUNGEN: Durch die glaziale Erosion, besonders im Zungenbereich, und die damit zusammenhängende Übersteilung der Hänge kommt es nach dem Eisrückzug oft zu gravitativen Aus-

gleichsbewegungen, wenn die Gesteins- und/oder die Verbandsfestigkeit der nachglazialen Böschungsneigung nicht entspricht.
Im Trauntal sind diese Bedingungen besonders im Bereich der Flyschzone für die hochglazialen Eiszungen und im Becken von Gosau und Bad Goisern besonders für die spätglazialen erfüllt.
So sind die ausgedehnten Felsbewegungen und -auflockerungen an der steilen Ostflanke des Atterseebeckens von Steinbach bis Schörfling als Herde immer wieder die Verkehrswege und Siedlungen bedrohender Muren bekannt (z.B. Jägermais, Konsum Graben, Rohrleitengraben, Gahberg, Bramhosen-Kamp; Interpraevent 1980, WL 2). Ebensolche, wenn auch nicht derart wirksame Erscheinungen finden sich am Buchberg NW Attersee, am Grünberg und Gmundnerberg am Traunsee (D. van HUSEN 1977, Taf. 1), sowie am Mondsee-Nordufer (H. BRANDECKER 1968).
Neben diesen begrenzten Erscheinungen bildete sich nach dem Eisrückzug eine riesige Bewegung am Bergrücken Höblingkogel – Hollerberg – Aichereben nördlich Unterach aus. Wahrscheinlich durch die besonders starke Erosion bei der Teilung der Eisströme des Attersee- und Mondseebeckens bedingt, wurde die gesamte Flanke nach dem Eisrückzug instabil. In der Südflanke kam es parallel zum generellen Streichen zu einer Sackung mit ausgedehnten Erscheinungen der Bergzerreißung im Kammbereich und zu einer tiefer greifenden Auflockerung besonders der höheren Hangteile. Diese ist die Ursache mächtiger Murenablagerungen, die am Hangfuß zwischen Unterach und See die glaziale Rinne verlegend, die Barriere zwischen Mond- und Attersee bilden und für den heutigen Seespiegel des Mondsees verantwortlich sind.
An der Ostflanke entwickelte sich eine großzügige Blockschollenbewegung, die sich bis auf den Seegrund vor Stockwinkel verfolgen läßt (vgl. Taf. 2). Dabei ist an der Frische der Erscheinungsformen zu erkennen, daß die Schollenbewegung vom Hangfuß ausgehend immer höhere Hangteile erfaßte, wobei die höchsten noch in Bewegung sein dürften. Dabei gibt das Einsetzen der lakustrinen Sedimentation im Egelsee auf halber Höhe des Hanges mit der Wende Älteste Dryas/Bölling (R. SCHMIED 1979) eine gute Zeitmarke für den Ablauf des Ausgreifens der Bewegung, das sich demnach zunehmend verlangsamen dürfte. Einen Eindruck über die Hangneigung vor dem Beginn der Massenbewegung können der Ostabfall des Reither Gupfes bei Nußdorf, die Ostflanke des Kolomannsberges (W Mondsee) vermitteln.
Ebenso nach dem Eisrückzug beginnend haben sich an manchen Stellen ausgedehnte Schuttströme gebildet, die hauptsächlich aus ehemals mächtigen, feinstoffreichen Staukörpern am Eisrand, manchmal auch in Kombination mit Felsauflockerungen (z.B. Gschliefgraben; P. BAUMGARTNER 1981), hervorgingen. Sie stellen sehr potente Schuttliefergebiete dar, die einerseits in den Seebecken weit ausgreifende, charakteristische Sedimentfolgen (z.B. Weyregger B., J. SCHNEIDER, J. MÜLLER, M. STURM; Abb. 15 dieser Band) hinterließen, andererseits bis in die heutige Zeit eine ständige Murengefahr darstellen (Itzlroith SE Oberwang, Limberg S Nußdorf oder Mure Kaisigen bei Steinbach).
Welche zeitlichen Zusammenhänge in der Aktivität solcher Erscheinungen gefunden werden konnten, zeigen die Untersuchungen am Murenkegel unterhalb des Schliefgrabens (P. BAUMGARTNER und H. SORDIAN 1982). In diesem besonders aktiven Schuttstromkegel kam es im Zeitraum des Holozäns zu einem Vorbau von 250–300 m bei einer Zunahme der Mächtigkeit von ca. 50 m, zumindest im zentralen Bereich.
Mit der Entwicklung der spätglazialen Gletscherstände sind ausgedehnte Massenbewegungen im südlichen Teil des Trauntales verknüpft. So wurde im Becken von Gosau die gesamte Ostflanke der Horn Spitze instabil. Hier zeigen die frischen Formen im Kammbereich noch aktive Bewegungen an, obwohl die Hauptbewegung parallel zum Abschmelzen der Eismassen erfolgte (D. van HUSEN 1977, 60 ff.). Im Becken von Bad Goisern gehört noch die abgesessene Felsmasse aus Wettersteindolomit bei Herndl und am Mühlkogel zu diesem Formenschatz. Ebenso löste die Erosion der Bäche im Zuge des Abschmelzens der Eiszungen öfter große Massenbewegungen in den glazialen Sedimenten aus, speziell wenn diese einem mobilen Untergrund auflagern (z.B. Leisling Alm E Bad Goisern auf Zlambachmergeln, im Ausseer Becken auf Haselgebirge).

Entwicklung im Spätglazial (Tafel 4 und 5)

ERSTE ABSCHMELZPHASE

Spuren des ersten Zurückweichens der Gletscherränder von den Moränen des Hochstandes sind in den Zungenbecken des Traungletschers kaum zu finden. Abgesehen von kleinräumigen, meist eng an die Moränen angelehnte oder mit ihnen verknüpfte Eisrandterrassen und Kamesablagerungen finden sich keine Spuren wie Endmoränen, die stationäre Gletscherstände während der Abschmelzphase markierten. So haben sich die Moränenwälle beim Schloß Ort (D. van HUSEN 1977, Karte) durch tiefreichende Aufschlüsse (Bau des Kongreßhauses) im Widerspruch zur ersten Annahme als hoch verdichtete Grundmoräne herausgestellt. Außer diesen kleinräumigen Ablagerungen fluviatil umgelagerter Moränenmaterialien und Hangschutts, die meist an kleine Gerinne oder ehemalige, kurzfristige Wasserläufe gebunden sind, tritt in den Zungenbecken zusammenhängende, mächtige Grundmoränendecke (Irrsee, St. Georgen, Nußdorf; H. SPERL 1985) als glazigene Ablagerung auf. Nur im Mündungsbereich größerer Bäche haben sich größere Eisrandterrassen ausgebildet. So ist im Bereich des Mühlbaches nördlich Traunkirchen eine Eisrandterrassentreppe entwickelt, die aus erst kleinräumigen in 450 und 440 m, dann aus ausgedehnteren Kieskörpern gebildet wird. Sie entstand als während des Abschmelzens des Eiskörpers im Becken des Traunsees immer wieder entstandene Eisrandseen mit abnehmender Wasserspiegelhöhe mit dem groben Schutt aus dem Staukörper außerhalb der Moränen verfüllt wurden. Grobkörnige Sedimentkörper mit denselben Sedimentstrukturen finden sich noch im Mündungsbereich des Rindbaches bei Ebensee. Sie weisen bis auf 5–10 m genau ähnliche Höhenlagen auf, was zur Vorstellung einer Schüttung in einem höher gespannten Traunsee führte (G. GÖTZINGER 1936; H. KOHL 1977). Ihr Auftreten als hohe, isolierte Terrassen, und das völlige Fehlen derartiger Formen in äquivalenter Höhe an den Mündungen kleiner Bäche weisen aber eher auf die Bildung in einzelnen Eisstauseen an einer inaktiven Eismasse hin (D. van HUSEN 1977, 49).
Durchaus vergleichbare Ablagerungen kleineren Umfanges finden sich zu beiden Seiten des Wolfgang Sees an der Mündung des Zinken- und Dietelbaches (A. PENCK 1909; K. WICHE 1963; H. SLUPETZKY 1975). Sie zeigen durch das häufige Auftreten von Toteislöchern und syndiagenetischen wie synsedimentären Störungen in den Sedimentstrukturen ihre Ablagerung im Kontakt mit inaktiven Eismassen an. Neben diesen grobkörnigen Ablagerungen finden sich noch in drei Niveaus ausgedehnte Seefüllungen im Einzungsgebiet des Mitterweißenbachtales, am Höllbach und an der Pöllitz mit mächtigen bottom set Sedimenten. Der Polleninhalt dieser Bänderschluffe zeigt eine sehr schüttere Gras- und Kräutervegetation mit vorwiegend kältegebundenen Arten während der Bildung an (D. van HUSEN 1977, 47). Diese erfolgte, als weite Talbereiche noch von inaktiven Eismassen erfüllt, die Sättel aber bereits eisfrei geworden waren.
Alle diese Beobachtungen sprechen für ein sehr rasches Eisfreiwerden der Zungenbecken und Tallandschaften, das nicht durch einen Rückzug der Gletscherstirn sondern durch das rasche Abschmelzen kurzfristig inaktiv gewordener Eismassen erfolgte. Dabei können besonders die übertieften Bereiche der Zungenbecken besonders rasch eisfrei geworden sein, da die durch die beginnende Wasserfüllung unter Auftrieb gekommenen Eismassen aufschwimmen, zerbrechen und dadurch besonders rasch abschmelzen (R. P. GOLDTHWAIT, 1986).
In dieser ersten Phase am Beginn des Spätglazials verschwanden alle Eismassen in den Tälern und Becken nördlich und westlich von Bad Ischl, so daß über 50 % des Eises des Traungletschers in dieser kurzen Periode abgeschmolzen waren.

GLETSCHERSTÄNDE

An diese Phase schließt eine Periode an, in der die weitere Entwicklung der Eisströme im Trauntal sowie in allen anderen Alpentälern durch eine charakteristische Abfolge von Vorstößen und Abschmelzphasen geprägt ist.

Ischler Stand: Im östlichen Teil des Ischltales findet sich am Südufer der Ischl eine mehrere Meter mächtige Kiesablagerung, die von Grundmoräne sowohl unter- als auch überlagert wird (Taf. 4, Prof. 3). Sie zeigt eine rein fluviatile Schüttung der Ischl von West nach Ost und in ihrer Geröllführung neben den umgelagerten Moränengeschieben einen deutlichen lokalen Einfluß (Hauptdolomit aus den Bächen von Norden). Sie lagert einer hoch verdichteten und unverwitterten Grundmoräne auf, wodurch eine Schüttung bald nach dem Abschmelzen des Eiskörpers im Ischltal bereits wieder in heutiger Fließrichtung belegt wird, was auf einen zumindest weitgehend unbehinderten Abfluß nach Osten und Norden hinweist. Die an ihrer Oberfläche ebenso unverwitterten Kiese werden von einer in ihrem Kornaufbau deutlich von der liegenden Moräne unterscheidbaren Grundmoräne bedeckt, die große Flächen im Ischltal auskleidet und auch durch ideal geformte Drumlins ein erneutes Vordringen der Traungletscherzunge in diesem Raum belegt. Kleine, undeutliche Moränenwälle und Eisrandstaukörper zeigen ein wahrscheinliches Vordringen der sehr flachen Gletscherzunge bis gegen Voglhub an (D. van HUSEN 1977, 53 f.). Wie hoch gelegene Erratika, Staukörper und Moränenwälle, die wahrscheinlich diesem Gletscherstand zugeschrieben werden können, belegen, war das südliche Trauntal mit seinen Beckenlandschaften noch völlig vom Eis erfüllt, wenn auch bereits die Pötschenhöhe eisfrei geworden war. Jenes wird ebenso durch das deutliche Auftreten von frischen Kristallingeschieben in den glazigenen Ablagerungen dieser Gletscherzunge im Ischltal belegt, die anzeigen, daß damals noch ehemals aus dem Ennstal stammendes Eis hier abschmolz. Dadurch wird aber auch ein zeitlich geringer Abstand zum Hochglazial belegt, da der Eisüberfluß aus dem Ennstal über den 1400–1500 m hohen Sattel zwischen Kammspitz und Grimming während der initialen Abschmelzphase durch den Massenverlust des Ennsgletschers sicher unterbunden wurde.

Der Ischler Stand läßt sich somit als eine kurzfristige Wiederbelebung des Eisstromnetzes im südlichen Trauntal beschreiben, der unmittelbar auf die initiale Abschmelzphase folgt und somit gut mit der grundsätzlichen Charakteristik des Bühlstadiums (F. MAYER & H. HEUBERGER 1968) übereinstimmt, wenn ihm auch die Vielgliedrigkeit dessen fehlt. Diese Charakteristik legt einen Vergleich dieses ersten Vorstoßes des Traungletschers im Spätglazial mit dem Bühlstadium nahe, zumal A. PENCK (1909, 364 f.), und in der Folge G. GÖTZINGER (1936 und 1937) es im Bereich des Ischltales vermuteten.

Jochwand Stand: Der regelrechte Komplex von Moränen und Schottern (A. PENCK 1909, 367) im Becken von Bad Goisern läßt sich faziell, im Gegensatz zu A. PENCK (1909) und G. GÖTZINGER (1936), in zwei Ereignisse untergliedern. Das ältere wurde „Jochwand Stand" (D. van HUSEN 1977) genannt. Zu diesem Ereignis war das Becken von Bad Goisern noch mit einer Gletscherzunge erfüllt, die bis über 600 m gereicht hat und wahrscheinlich bis in die Enge von Laufen reichte. Sie wird von den mächtigen, breiten Moränenwällen unterhalb der Jochwand und deren Äquivalenten bei Posern und Primesberg auf der rechten Talseite und damit verknüpften Eisrandterrassen (z. B. unterhalb der Ortschaft Pötschen) markiert, die eine flache Gletscheroberfläche anzeigen. Diese Moränenwälle sind bei Wildpfad (Taf. 4, Prof. 4a) mit mächtigen Kiesablagerungen (vgl. auch C. v. BALZBERG 1878: über 60 m bei Posern) im Liegenden verknüpft, die neben groben, sandreichen, fluviatilen Kiesen mächtige Sand- und gröbere fore set Schüttungen, speziell im tieferen Anteil, aufweisen. Im Hangenden gehen sie nach einer Übergangszone besonders grober Kiese in die Moränenablagerungen über. Diese Sedimentfolge zeigt an, daß die Ablagerungen der Kiese unter Bedingungen erfolgte, die keinen ungehinderten Abfluß der Schmelzwässer aus dem Becken von Bad Goisern zuließen. In dieses Bild fügen sich ausgedehnte Kiesablagerungen südlich von Bad Ischl gut ein, die mit ihren Internstrukturen anzeigen, daß nach dem Ischler Stand noch über längere Zeit größere inaktive Eismassen vorhanden waren und das Tal verlegten.

In ihrer Charakteristik als breite, etwas solifluidal überformte Moränenwälle finden sich auch im Ausseer Becken bei Reith, Eselsbach, im Straßental und bei Reitern, sowie im Gosautal um die Mündung des Bärn Grabens, ohne daß hier aber der Kontakt zu Kiesablagerungen aus Aufschlußgründen nachweisbar gewesen wäre.

Im weit geschlosseneren Becken von Bad Mitterndorf hingegen ist eine vielgliedrige Abfolge von Kamesterassen mit häufigen Toteiserscheinungen erhalten geblieben, die mit Endmoränen an der Südseite in Verbindung stehen. Sie zeigen eine lang anhaltende Füllung des Beckens mit inaktiven Eismassen an, die von den aktiven Eiszungen am Nordabfall des Plateaus „Am Stein" stammten und mit diesem noch Kontakt hatten (D. van HUSEN 1977, 64).

So läßt sich dieser Gletscherstand als kurzfristiger Vorstoß der nach dem Ischler Stand auch im Haupteinzugsgebiet (Dachstein, Totes Gebirge) bereits selbständig gewordenen Gletscherzungen beschreiben. Dieses Ereignis erfolgte zu einer Zeit als die Täler und Beckenlandschaften noch mit inaktiven Eismassen des vorhergegangenen Ischler Standes verlegt waren, die entweder die Flußentwicklung (Bad Ischl – Bad Goisern) behinderten oder Kamesbildungen bedingten. Dies deutet auf einen geringen zeitlichen Abstand dieser beiden Ereignisse hin.
Das Abschmelzen der Eiszungen des Jochwand Standes führte zum ersten Mal zum Eisfreiwerden der Talböden im Einzugsgebiet des Trauntales. Dabei stellte sich wieder das heutige Flußsystem ein (nachdem die Kainischer Traun das westliche Mitterndorfer Becken zeitweise ins Ennstal entwässert hatte (D. van HUSEN 1968, 281 f.; 1977, 66), wobei auch eine rasche erosive Tieferlegung des Talbodens erfolgte, die zu ausgedehnten Massenbewegungen in den Grundmoränenablagerungen des Ausseer Beckens entlang der Traun führte. Ebenso dieser Zeit entstammt auch die riesige Massenbewegung in den Sedimenten der Gosau (hauptsächlich Nierentaler Mergel) an der glazial besonders unterschnittenen Flanke der Horn Spitze.

Goiserer Stand (Gschnitz): Nach dem Jochwand Stand zeichnet sich noch ein Gletscherstand ab, der am besten westlich von Bad Goisern erfaßbar ist. Er wurde in Ermangelung einer sicheren zeitlichen Parallelisierung mit dem klassischen Gschnitz (A. PENCK 1909, 343) als Goiserer Stand bezeichnet (D. van HUSEN 1977, 69).
Dieses glaziale Ereignis dokumentierte sich in allen Quelltälern der Traun und in nahezu allen Nebentälern durch oft grobblockige, scharf modellierte Endmoränen, die meist zweigeteilt sind (Taf. 4, Prof. 4a, b). Im Becken von Bad Goisern ist ein Moränenzug von Steinach über Unterjoch bis zum Jochbach zu verfolgen, der sein Äquivalent in den Wällen unterhalb Primesberg hat. Er wird durch ein Trockental (ehemalige Abflußrinne des Schüttbaches, G. GÖTZINGER 1936, 92) von den älteren Ablagerungen getrennt und liegt, wie die das Zungenbecken auskleidende Grundmoräne auf Kiesen auf, die als Vorstoßschotter dieses Gletschervorstoßes anzusehen sind. Sie setzen sich weiter traunabwärts als Terrasse bis über Bad Ischl hinaus fort. Bei der Ortschaft Ramsau ist noch ein deutlicher innerer Wall eines etwas kleineren Gletscherstandes entwickelt.
Ähnlich deutliche Sedimentfolgen finden sich noch am Ödensee, Grundlsee (Bräuhof – Aichkogel), am Altausseer See (Posern, Reith, Arzleiten) und am Vd. Gosausee, oder nördlich des Höllengebirges am Vd. Langbath See und bei der Taferlklause, an die jeweils 1 und 4 km lange Terrassenschüttungen anschließen.
Ebenso finden sich in vielen anderen Tälern noch deutliche Moränen steiler Gletscherzungen (Taf. 2), deren kurze Sanderschüttungen mitunter noch erhalten sind (z.B. Grubenstube östlich Offensee).
Dieses Ereignis ist als ein kräftiger Wiedervorstoß der Gletscher im Einzugsgebiet der Traun zu charakterisieren, der nicht nur auf die Eisströme von Dachstein und Totem Gebirge beschränkt ist, sondern auch die Lokalgletscher wieder belebte. Die damit verbundenen deutlichen Kiesschüttungen deuten auf eine starke Wiederbelebung der Frostschuttbildung oder eine verstärkte Erosion älterer Lockersedimente durch verminderte Vegetation hin. Die ungehinderte Entwicklung der Kiesschüttungen in den Talböden, wie auch das Fehlen jeglichen Kontaktes mit Sedimenten eines Eiszerfalles im Vorfeld dieser Gletscherzungen, belegt einen Wiedervorstoß in eisfreie Täler und damit wahrscheinlich einen größeren zeitlichen Abstand zum vorhergegangenen Jochwand Stand.
Die diesem Gletscherstand folgende Abschmelzphase ließ alle Talböden und wahrscheinlich auch niedrigere Plateauanteile im Toten Gebirge und am Dachstein endgültig eisfrei werden, so daß sich die weitere Entwicklung nur noch im Umkreis des hohen zentralen Dachsteinplateaus widerspiegelt.

Echern Stand (Daun): Die grobblockigen Moränen am Miesenbach (Talstation der Dachstein Seilbahn), beim Simony Denkmal im Echerntal im Norden, sowie zwischen Ht. Gosausee und Lacke im Westen (D. van HUSEN 1977, Taf. 1) zeigen an, daß noch einmal Gletscherzungen die Talböden um das zentrale Dachsteinplateau erreichten. Es muß sich dabei wohl um regenerierte Gletscherzungen unter den Steilabfällen des Plateaus gehandelt haben, von denen nur die am Südende des Hallstätter Sees (Eisstrom zwischen Krippenstein – Hierlatz über Gjaidalm) keine Moräne hinterlassen konnte, da sie im See endete. Auf den übrigen Plateauflächen waren, abgesehen von den höchsten Teilen des Toten Gebirges, zu dieser Zeit nur noch große Dolinen und Hohlformen mit Eis erfüllt aber ohne Endmoränen hinterlassen zu haben.

Egesen: Die Eisausbreitung auf dem zentralen Dachsteinplateau während der Jüngeren Dryas ist mangels deutlicher Moränenreste nur abschätzbar. So konstruierte R. HOCHHOLD (1978, 69 ff, Anh. II) aus Überlegungen der Schneegrenzdepression (−200 m gegenüber dem Neuzeitlichen Hochstand 1850) und der topographischen Situation eine Eisbedeckung, die das Taubenkar voll erfüllte und sich über die Karstgassen (Bärengasse, Seichenklamm) bis in die Herrengasse und vor das Tiefkar ausdehnte ohne die Gjaidalm zu erreichen. Während dieses Gletscherstandes wäre auch ohne das heute unvergletscherte Kar unter dem Ochsenkogel als Einzugsgebiet aktiv gewesen.
Aufgrund dieser Überlegungen und genauerer Schneegrenzberechnungen wäre die für den durch deutliche Moränen markierten Taubenkar Stand (R. MOSER 1954; D. van HUSEN 1977, 82 ff.) zu rekonstruierende Schneegrenzdepression von 50–70 m zu gering um die getroffene Parallelisierung mit dem Egesen (D. van HUSEN 1977) zu rechtfertigen (R. HOCHHOLD 1978). Er wird von R. HOCHHOLD dem Kromerstand zugeordnet und somit ans Ende der Egenserie verlegt. Dadurch würde aber der Taubenkarstand nach heutiger Auffassung wahrscheinlich bereits in den Beginn des Postglazials fallen (G. GROSS et al. 1977).

Zeitlicher Ablauf (Tafel 6)

Der Aufbau des Eistromnetzes im Trauntal während des Oberen Würms (J. CHALINE & H. JERZ 1984) erfolgte, wie in den anderen Alpentälern, in einem recht kurzen Zeitabschnitt vor der größten Ausdehnung der Eismassen. Im Vergleich mit den absolut datierten Sedimentfolgen in Baumkirchen, Inntal (F. FLIRI et al. 1970, F. FLIRI 1973) sind die Kiese und Konglomerate des Ausseer Beckens sicher mit den groben Kiesen im Hangenden der Bändertone zu vergleichen. Sie weisen dort wie hier die selbe Position unmittelbar liegend der Grundmoräne auf. Demnach liegt eine Einstufung ab 25.000 BP oder jünger nahe.
Verbreitung und Mächtigkeit dieser Vorstoßschotter zeigen an, daß die Gletscher höchstens erst die Ausdehnung wie zur Zeit des Gschnitz (Goiserer Standes) aufwiesen, als ihre Ablagerung begann (D. van HUSEN 1977, 117 f.). Die daran anschließende, rapide Ausbreitung der Eismassen führte zum Aufbau des Eisstromnetzes. Es dürfte seine größte Ausdehnung gleichzeitig mit den Gletschern der weiteren Umgebung nördlich des Alpenhauptkammes erreicht haben. Nach der ^{14}C Bestimmung an Schalen einer Lößschneckenfauna – diese waren in Löß eingelagert und von den hangenden Anteilen der Niederterrasse überschüttet – bei Duttendorf mit 21.650 ± 250 (F. TRAUB und H. JERZ 1975) ist der Zeitpunkt des „**Maximalstandes**“ und des über einen größeren Zeitraum stabilen „**Hochstandes**“, und die damit verbundene abschließende Akkumulation und Formung der Niederterrasse in einen Zeitraum nach 21.000 BP, möglicherweise um 20.000 BP zu verlegen ohne aber nähere Angaben über seine Dauer machen zu können.
Aus der Periode des Unteren und Mittleren Würms sind keinerlei Ablagerungen oder Zeugen erhalten als die Sedimentabfolge am Steinerbach/Mondsee (W. KLAUS 1975 und dieser Band), und die intensive Verwitterung der Grundmoräne des vorletzten glazialen Großereignisses (Riß) im Ausseer Bekken. Es fehlen grobe oder gar glazigene Sedimente der Stadiale, sowie Ablagerungen der Interstadiale (besonders im Mittelabschnitt), in denen die Kalkplateaus bis in große Höhen mit Vegetation bedeckt waren, so daß sie dem Höhlenbären zugänglich waren (Salzofenhöhle 2005 m, I. DRAXLER 1972; Ramesch-Knochenhöhle 1960 m, I. DRAXLER et al. 1986) und als Lebensraum dienen konnten. Dies könnte dadurch ermöglicht worden sein, daß die sich seit der letzten Vereisung (Riß) gebildete Bodendecke bis dahin noch nicht zerstört wurde. Sie könnte somit auch bei etwas ungünstigeren klimatischen Verhältnissen (vgl. Pollenprofil Mondsee, W. KLAUS dieser Band) als heute eine geschlossene Vegetationsdecke ermöglichen, als sie zur Zeit auf der im Holozän gebildeten möglich ist.
Der rapide Aufbau des Eisstromnetzes im weitverzweigten System des Traungletschers liegt zu einem guten Teil in der Topographie begründet.

Den als Haupteinzugsgebiet und Ursprung der Eisströme fungierenden Hochplateaus stehen tiefliegende Talböden gegenüber, die fast ausschließlich durch Steilstufen und kaum durch steile Täler verbunden sind. Dadurch wird eine zunehmende Absenkung der Gleichgewichtslinie, nachdem die Plateaus mit Eis bedeckt waren, erst viel später wieder durch eine Vergrößerung des Nährgebietes wirksam. Das bedeutet aber, daß die Einbeziehung ausgedehnter Eisflächen in den Tälern in das Nährgebiet (was zum raschen Aufbau des Eisstromnetzes in den Alpen notwendig ist; D. van HUSEN 1983) erst erfolgte, als die Eismassen am Fuß der Plateauränder mächtig genug anwuchsen (s. Tafel 4), und die Gleichgewichtslinie tief genug abgesunken war. Da das erst sehr spät in der allgemeinen Entwicklung am Beginn des Oberen Würms erfolgte, ist eine derartig späte und damit sehr rasche Ausbildung des Eisstromnetzes im Trauntal verständlich (s. Tabelle) und durch den flachen Verlauf des Talbodens begünstigt, wo dann eine zusätzliche Absenkung der Gleichgewichtslinie eine große Vermehrung des Einzugsgebietes und damit eine ebensolche Zunahme der Gletscherlänge bewirkt.
Auch während der ersten Abschmelzphasen dürfte dieser Mechanismus, jetzt mit umgekehrten Vorzeichen, wirksam geworden sein. Dabei wird bei einem leichten vertikalen Anstieg der Gleichgewichtslinie eine große horizontale Verschiebung bewirkt, die auf die geringe Oberflächenneigung der Eisströme zurückgeht. Dadurch ist wohl der kurzfristige Zusammenbruch von ca. 50–60 % der distalen Gletscherteile zu erklären.
Wann dieses rasche Abschmelzen einsetzte, kann heute noch nicht genauer bestimmt werden. Entsprechend den sedimentologischen Vorgängen und dem zeitlichen Ablauf im Spätglazial ist aber der Zeitraum für diese rasche Abschmelzphase nach den eiszeitlichen Verhältnissen um 18.000 BP (Climap 1976) möglicherweise schon um 17.000 BP oder bald danach anzunehmen. Auf derartig frühe Klimaverbesserungen wies M. SARNTHEIN 1978 und 1982 hin. Die beginnende Verschiebung der Klimazonen nach Norden, die zur Stabilisierung der Wanderdünen in der Nordsahara führte, mag auch diese erste Abschmelzphase in den Alpen ausgelöst haben, zu der ja aus besagten topographischen Gründen keine weitgehende Klimaverbesserung nötig ist. Ebenso wie der Zeitpunkt des Beginns dieses Vorganges ist auch dessen Dauer nur abschätzbar. Da aber aus den damals eisfrei gewordenen Talbereichen nur Eisrand- und Kamesterrassen (alle belegen in ihren Sedimentstrukturen eine rasche Sedimentation; D. van HUSEN 1977, 103 ff.), und keine Endmoränen erhalten sind, muß angenommen werden, daß diese Abschmelzphase ohne wesentliche Unterbrechung in kurzer Zeit ablief.
Dieses Bild ist nicht auf das Trauntal beschränkt, sondern ist in allen großen Tälern der Ostalpen zu finden, so daß dieser Ablauf als allgemein angesehen werden kann.
Als Grund für das rapide Abschmelzen mächtiger Eismassen kann in den flachen, breiten Tälern, und da besonders im Bereich der übertieften Teile, die Bildung von Seen und damit verbundenes Kalben der Gletscherzungen angesehen werden. Als Modell kann der Eisrückzug und die damit verbundenen Sedimentbildungen in der Glacier Bay, Alaska angesehen werden, wo sich die Endlage mächtiger Talgletscher in rund 200 Jahren (ab 1780) um bis zu 100 km zurückzog (R. P. GOLDTHWAIT 1986). Dabei bildete sich innerhalb einiger Jahre (zwischen 1929 und 1941), im Adams Inlet eine Kamesterrasse von ca. 2 km^2 und 60 m Mächtigkeit (G. D. McKENZIE 1986) aus und hat somit die Dimension der größten solcher Bildungen in den Ostalpentälern.
Dieser Eisrückzug wird erstmals durch den kurzen Vorstoß der Stirn des Traungletschers während des **Ischler Standes** unterbrochen. Diesem folgte in kurzem zeitlichen Abstand der **Jochwand Stand**. Diese Entwicklung war abgeschlossen bevor sich in den eisfreien Talböden eine nennenswerte Kräutervegetation entwickeln konnte. Ihre Entwicklung setzte, wie die gut übereinstimmenden Pollenprofile Schwarzensee und Rödschitz belegen, knapp vor etwa 15.000 BP (^{14}C Daten VRI 484 15.400 ± 470 BP an organischem Detritus) ein. Damit wird für die beiden Gletschervorstöße ein Zeitraum um 16.000 BP oder knapp davor wahrscheinlich.
Nachdem nach dem Abschmelzen der Eismassen des Jochwand Standes auch die südlichen Teile des Trauntales eisfrei geworden waren, breitete sich eine dürftige Kräutervegetation aus, die durchaus mit der aus den Schluffen des Mitterweißenbaches (D. van HUSEN 1977, 47), die während der ersten Abschmelzphase nach dem Hochglazial zur Ablagerung kamen, vergleichbar ist.
Die weitere Vegetationsentwicklung, die in den Pollenprofilen der Moosalm und von Rödschitz (I. DRAXLER 1977 und dieser Band) ablesbar ist, ist von einer zunehmenden Vegetationsverdichtung

charakterisiert, die von Bodenentwicklung und einer nun auch einsetzenden allgemeinen Klimaverbesserung bedingt wird.

Diese um 15.000 BP, während der Ältesten Dryas, ablaufende Entwicklung wird von einer Klimaverschlechterung unterbrochen, die sich deutlich in den Profilen von Rödschitz und der Moosalm widerspiegelt (I. DRAXLER 1977 und dieser Band). Dabei kam es zwar zu keiner wesentlichen Änderung der Vegetationszusammensetzung aber zu einer deutlichen Auflockerung der bereits vorhandenen Vegetationsdecke (Zunahme der umgelagerten Praequartärsporen). Diesem deutlichen Klimarückschlag um 14.000 BP (D. van HUSEN 1977, 89 ff.) kann wohl der allgemeine Wiedervorstoß aller Gletscher im Einzugsgebiet der Traun zugeordnet werden, der als **Goiserer Stand** bezeichnet wird. Er entspricht einerseits in seiner Charakteristik der Sedimente und des Ablaufes (H. HEUBERGER 1968, 271), andererseits auch in seiner Altersstellung (G. PATZELT 1975, 321) gut dem **Gschnitz.**

Die daran anschließende Wende zu deutlich besseren Klimawerten ist der Böllingschwankung zuzuordnen, die demnach mit dem Abschmelzen der gschnitzzeitlichen Gletscherzungen oder knapp danach beginnt. Während dieses Zeitraumes wurden endgültig alle Talböden eisfrei, und die Vergletscherung war nur noch auf die höheren Teile der Plateaus beschränkt. Spuren der weiteren Gletscherentwicklung sind nur noch auf dem zentralen Dachsteinplateau und um dieses erhalten, so daß angenommen werden muß, daß die übrigen Plateaus ebenso weitgehend eisfrei wurden oder ihre Vergletscherung auf die Füllung großer Dolinen beschränkt blieb.

Während der Älteren Dryas, um 12.000 BP, war das zentrale Dachsteinplateau noch mit Eis bedeckt, was möglicherweise dadurch begünstigt wurde, daß die Großdolinen während der Böllingschwankung nicht eisfrei wurden. Dadurch wäre der Aufbau einer zusammenhängenden Eisbedeckung während der kurzfristigen Klimaschwankung der Älteren Dryas vorstellbar, zumal dazu eine Absenkung der Gleichgewichtslinie um rund 400 m nötig scheint (R. HOCHHOLD 1978, 68). Die bis an die Steilabfälle reichenden Eismassen ernährten durch Eislawinen die Eiskörper in den Talböden (Echerntal), die demnach als regenerierte Gletscher anzusehen sind und ihre Existenz der günstigen Exposition verdanken.

In der Allerödschwankung wurden letztendlich auch mindestens die äußeren Teile des zentralen Dachsteinplateaus eisfrei, wie durch die ^{14}C-Daten (VRI–468, 11490 ± 280 BP; VRI–511, 10570 ± 150 BP) aus den liegenden Schluffen des Moores auf der Gjaidalm ersichtlich ist (D. van HUSEN 1977, 91).

Aus der folgenden Jüngeren Dryas sind keine sicheren Moränen erhalten. Nur noch im Vorfeld des Gosau- und Hallstättergletschers sind größere Eisausdehnungen durch Moränen belegt (Taubenkar Stand), die möglicherweise dem Ende der Egesenserie (Kromer) zugeschrieben werden müssen.

Zitierte Literatur

ARNBERGER, E. & WILTHUM, E., 1952, 1953. Die Gletscher des Dachsteinstockes in Vergangenheit und Gegenwart. 1. Teil. – Jb. OÖ. Musealverein, **97**:181–214, Linz; 2. Teil: Jb. OÖ. Musealverein, **98**:187–217, Linz.

BALZBERG, C. v., 1878. Die Tiefbohrung von Goisern. – Berg- u. hüttenmänn. Jb., **26**:231–290, Wien.

BAUMGARTNER, P., 1981. Erd- und Schuttströme im Gschliefgraben bei Gmunden am Traunsee (O.Ö.). Zur Geologie, Entstehung, Entwicklung und Sanierung. – Mitt. Ges. Geol. Bergbaustud., **27**:19–38, Wien.

BAUMGARTNER, P. & SORDIAN, H., 1982. Zum horizontalen und vertikalen Aufbau des Erd- und Schuttströme-Kegels des Gschliefgrabens am Traunsee bei Gmunden (Oberösterreich). – Jb. OÖ. Musealverein, **127/I**: 227–236, Linz.

BRANDECKER, H., 1968. Baugeologie der Autobahn Mondsee–Seewalchen. – Amt d. oö. Landesbaudion. 47 S., OÖ. Landesverl. Wels, Linz.

CHALINE, J. & JERZ, H., 1984. Arbeitsergebnisse der Subkommission für Europäische Quartärstratigraphie: Stratotypen des Würm-Glazials (Bericht der SEQS 5). – Eiszeita. & Gegenw., **34**:185–206, Stuttgart.

CLIMAP Project Members, 1976. The surface of the ice-age earth. – Science, **191**:1131–1137.

DRAXLER, I., 1972. Palynologische Untersuchungen an Sedimenten aus der Salzofenhöhle im Toten Gebirge. – Ann. Naturhist. Mus. Wien, **76**:161–186, Wien.

DRAXLER, I., HILLE, P., MAIS, K., RABEDER, G., STEFAN, I. & WILD, E., 1986. Paläontologische Befunde, Absolute Datierung und Paläoklimatologische Konsequenzen der Resultate aus der Ramesch-Knochenhöhle. – In: Die Ramesch-Knochenhöhle im Toten Gebirge (P. HILLE und G. RABEDER, Herausg.). Mitt. Komm. f. Quartärforschg. Österr. Akad. Wiss., 66 S., Wien.

EBERS, E., 1966. Der pleistozäne Salzachvorlandgletscher. – Veröff. Ges. Bayer. Landeskd. e. V., **19–22**:

116 S., München.
FLIRI, F., 1973. Beiträge zur Geschichte der alpinen Würmvereisung; Forschungen am Bänderton von Baumkirchen (Inntal, Nordtirol). – Z. Geomorph. N. F., Suppl. **16**:1–14, Berlin.
FLIRI, F., BORTENSCHLAGER, S., FELBER, H., HEISSEL, W., HILSCHER, H. & RESCH, W., 1970. Der Bänderton von Baumkirchen (Inntal, Tirol). Eine neue Schlüsselstelle zur Kenntnis der Würm-Vereisung der Alpen. – Z. Gletscherkd. u. Glazialgeol., **6**:5–35, Innsbruck.
FLÖGL, H., 1969. Wasserwirtschaftliches Grundsatzgutachten Vöckla–Ager–Traun–Alm. – Amt d. oö. Landesreg., Abt. Wasserbau–Hydrograph. Dienst, Linz.
FORSTINGER, G., 1980. Quartärgeologische Arbeiten am Nordrand des Attersees in O.Ö. – 31 S., Geol. Inst. Univ. Wien, Wien.
GANSS, O., KÜMEL, F. & SPENGLER, E., 1954. Geologische Karte der Dachsteingruppe. – Borntraeger, Berlin.
GÖTZINGER, G., 1936. Glazialgeologische Beschreibung. I. Von Gmunden bis Ischl. – Führer f. d. Quartärexkursion i. Österr., 1. Teil, 87–98, Wien.
GÖTZINGER G., 1936. Zur glaziologischen Analyse der Quartärablagerungen im Trauntalgebiet oberhalb von Gmunden. – Anz. Akad. Wiss., math.-naturwiss. Kl., :45–51, Wien.
GOLDTHWAIT, R. P., 1986. Glacial History of Glacier Bay Park Area. – Guidebook for INQUA Comm. II Field Conf., Glacier Bay, Alaska; Inst. of Polar Studies, The Ohio State Univ., Columbus, Ohio.
GROSS, G., KERSCHNER, H. & PATZELT, G., 1977. Methodische Untersuchungen über die Schneegrenze in alpinen Gletschergebieten. – Z. Gletscherkd., Glazialgeol., **12**:223–251, Innsbruck.
HEUBERGER, H., 1968. Die Alpengletscher im Spät- und Postglazial. – Eiszeital u. Gegenw., **19**:270–275, Öhringen, Württemb.
HOCHHOLD, R., 1978. Die Gletscher der Dachsteingruppe. – Hausarb. aus Geographie, Geogr. Inst. Univ. Innsbruck, 167 S., Innsbruck.
HUSEN van, D., 1968. Ein Beitrag zur Talgeschichte des Ennstales im Quartär. – Mitt. Ges. Geol. Bergbaustud. Österr., **18**:249–2886, Wien.
HUSEN van, D., 1977. Zur Fazies und Stratigraphie der jungpleistozänen Ablagerungen im Trauntal. – Jb. Geol. B.-A., **120**:1–130, Wien.
HUSEN van, D., 1979. Verbreitung, Ursachen und Füllung glazial übertiefter Talabschnitte an Beispielen in den Ostalpen. – Eiszeita. u. Gegenw., **29**:9–22, Hannover.
HUSEN van, D., 1982. Zur Ausbildung und Stellung der würmzeitlichen Sedimente im unteren Gailtal. – Z. Gletscherkd. u. Glazialgeol., **16**:85–97, Innsbruck.
HUSEN van, D., 1983. General sediment development in relation to the climatic changes during Würm in the Eastern Alps. – In: EVENSON, SCHLÜCHTER & RABASSA (editors): Tills and Related Deposits, 345–349 (A. A. Balkema), Rotterdam.
INTERPRAEVENT, 1980. Exkursionsfüher zum Internationalen Symposium. – 111 S., Linz.
KLAUS, W., 1975. Das Mondsee-Interglazial, ein neuer Florenfundpunkt der Ostalpen. – Jb. OÖ. Musealverein, **120**:315–344, Linz.
KLAUS, W., 1983. Der pollenanalytische Nachweis einer geschlossenen Serie würmzeitlicher Klimaschwankungen über dem R/W Interglazial von Mondsee. – Exkursionsf. zum Symposium „Würm-Stratigraphie", 157–170, Bayer. Geol. LA München.
KOHL, H., 1974. Die Entwicklung des quartären Flußnetzes im Bereich der Traun-Enns-Platte/Oberösterreich. – Heidelb. Geogr. Arb., H. Graul Festschrift, 31–44, Heidelberg.
KOHL, H., 1977. Die spätriß- und würmeiszeitlichen Gletscherstände im Traunseebecken und dessen Seestände. – Jb. OÖ. Musealverein, **121**:251–286, Linz.
MAISCH, M., 1982. Zur Gletscher- und Klimageschichte des alpinen Spätglazials. – Geogr. Helvetica, 93–104, Zürich.
McKENZIE, G. D., 1986. Ice-Contact and Deltaic Processes and Deposits, Adams Inlet. – Guidebook for INQUA Comm. II Field Conf. Glacier Bay, Alaska; Inst. of Polar Stud., The Ohio State Univ., Columbus, Ohio.
MAYER, F. & HEUBERGER, H., 1968. Type Areas of the Late Glacial and Post-Glacial Deposits in Tyrol, Eastern Alps. – Univ. of Colorado Stud., Glaciation of the Alps, 143–165, Colorado Press.
MOSER, R., 1954. Die Vergletscherung im Dachstein und ihre Spuren im Vorfeld. – Diss. Univ. Innsbruck, 250 S., Innsbruck.
PATZELT, G., 1975. Unterinntal – Zillertal – Pinzgau – Kitzbühel. Spät- und postglaziale Landschaftsentwicklung. – Innsbr. Geogr. Stud., **2**:309–329, Innsbruck.
PATZELT, G. & BORTENSCHLAGER, S., 1978. Spät- und nacheiszeitliche Gletscher- und Vegetationsentwicklung im inneren Ötztal. – Führer z. Tirol-Exkursion „Innsbrucker Raum und Ötztal", DEUQUA, Innsbruck.
PENCK, A. & BRÜCKNER, E., 1909. Die Alpen im Eiszeitalter. – 1199 S., Leipzig.
SARNTHEIN, M., 1978. Sand deserts during glacial maximum and climatic optimum. – Nature, **272**:43–46, Macmillan Journ.
SARNTHEIN, M., ERLENKEUSER, H. & ZAHN, R., 1982. Termination I: The Response of Continental Climate in the Subtropics as Recorded in Deep-Sea Sediments. – Bull. Inst. Geol. Bassin d'Aquitaine, **31**: 393–407, Bordeaux.
SCHMIDT, R., 1979. Klimaoszillationen der Älteren (Ic) und Jüngeren (III) Dryas am Beispiel dreier Pollenprofile aus dem Salzkammergut (Egelsee/Attersee, Nussensee, Moor von Rödschitz). – Linzer Biol. Beitr., **11**:67–73, Linz.
SLUPETZKY, H., 1975. Geomorphologische Beschreibung und Erläuterung. – Landformen im Kartenbild. Gruppe IV: Alpen, Nördliche Flysch- und Kalkalpen, 11–26 (Westermann), Stuttgart.
SPERL, H., 1985. Geologie und Sedimentologie des Quartärs im Attergau/OÖ. – Diss. Formal- und Naturwiss. Fak. Univ. Wien, 251 S., Wien.
TRAUB, F. & JERZ, H., 1975. Ein Lößprofil von Duttendorf (Oberösterreich) gegenüber Burghausen an der Salzach. – Z. Gletscherkd. u. Glazialgeol., **11**:175–193, Innsbruck.

WEINBERGER, L., 1955. Exkursion durch das österreichische Salzachgletschergebiet und die Moränengürtel des Irrsee- und Attersee-Zweiges des Traungletschers. – Verh. Geol. B.-A., /D:7–34, Wien.

WICHE, K., 1949. Glazialmorphologische und -geologische Beobachtungen aus dem nördlichen Salzkammergut. – Geogr. Jahresber. aus Österr., 23:125–145, Wien.

ZUR VEGETATIONSGESCHICHTE UND STRATIGRAPHIE DES WÜRMSPÄTGLAZIALS DES TRAUNGLETSCHERGEBIETES

Ilse DRAXLER

(mit Tafel 7 und 8)

Summary

In the Salzkammergut (Upper Austria, Styria) pollenanalytical investigations and ^{14}C-dating have been carried out already on 10 profiles from seven peat bogs before. One recent pollenresearch from a profile from the Rödschitz peat bog is included in this paper. The profiles from the peat bog near Moosalm (Upper Austria) and Rödschitz (Styria), refere to the whole vegetational development and fluctuating climate from deglaciation during the whole würmian late glacial which was tried to be correlated with glacial events. The late würmian periods Oldest Dryas, Bølling, Allerød and Younger Dryas could be proved without doubt. Only the older Dryas is not so sure. It could be probable be placed at the time between 12000–11900.

In the Oldest Dryas steppe plants and alpine plants grow together. In Bølling a shrub vegetation was growing with Juniper, which was dated with 12500. Pine is expanding at the end of Bølling and reaching its Maximum in Allerød. The last climatic deterioration is the Younger Dryas after Allerød where again pollen of heliophytic plants appear.

Zusammenfassung

Aus dem Salzkammergut liegen pollenanalytische Untersuchungen und einzelne ^{14}C-Daten aus 10 Profilen von 7 Mooren aus Tallagen bis zur subalpinen Stufe des Dachsteinplateaus vor. Ein neues Spätglazial-Profil vom Rödschitzmoor ist in dieser Arbeit dazugekommen. Die Profile der Moore von der Moosalm und von Rödschitz umfassen die ganze Vegetationsentwicklung vom Rückzug der Gletscher bis zur Gegenwart.

Es wurden die Pollenzonen der Ältesten Dryas und der Jüngeren Dryas, Bölling und Alleröd sicher nachgewiesen. Die Abgrenzung der Älteren Dryas ist schwieriger.

Die Vegetationsentwicklung beginnt mit der Steppenphase mit alpinen Elementen, die in eine Strauchphase mit *Juniperus, Salix* und *Hippophaë* übergeht, die noch immer Steppenelemente aufweist *(Artemisia).* Diese Pollenzone wird mit ^{14}C-Daten dem Bölling zugeordnet. Die *Pinus*-Gehölzausbreitung erfolgt gegen Ende dieser Phase und erreicht im Alleröd ein Maximum. *Betula* spielt eine geringere Rolle. Der Klimarückschlag der Jüngeren Dryas wirkt sich in den Profilen der Tallagen durch geringes Vorkommen von Rohbodenpionieren, *Betula*rückgang, neuerliches Auftreten von *Juniperus* und *Ephedra,* sowie durch zunehmende Mineralzufuhr in die Torfablagerungen aus.

Einleitung

In der vorliegenden Arbeit soll auf die Ergebnisse der pollenanalytischen Untersuchungen und ^{14}C Datierungen der spätglazialen Abschnitte der Bohrprofile von Mooren aus dem Einzugsgebiet des würmzeitlichen Traungletschers Bezug genommen werden. Die Darstellung der Vegetations- und Klimageschichte erfolgt hier, soweit es möglich ist, im wesentlichen auch unter dem Aspekt einer Deutung der chronologischen Abfolge der von van HUSEN kartierten quartären Sedimente und des Formenbestandes des spätwürmzeitlichen Traungletschers (van HUSEN 1977, vorliegender Band). Eine ausführlichere Darstellung der pollenanalytischen Bearbeitung, die auch das ganze Postglazial umfaßt, liegt bereits von folgenden Moorprofilen vor (DRAXLER 1977):

Adresse der Autorin: Dr. Ilse Draxler, Geologische Bundesanstalt, Rasumofskygasse 23, A-1030 Wien.

Lokalität	Höhe	Koordinaten des Bohrpunktes		ÖK 1 : 50.000
Moosalm	740 m	793630 (L)	5269475 (B)	65, Mondsee
Plakner	550 m	763500 (L)	5286870 (B)	95, St.Wolfgang
Goisern/Ramsau	515 m	771850 (L)	5270100 (B)	96, Bad Ischl
Schmiedgut	740 m	782650 (L)	527550 (B)	96, Bad Ischl
Ödensee I	770 m	787300 (L)	5270400 (B)	96, Bad Ischl
Ödensee III	770 m	787700 (L)	5269450 (B)	96, Bad Ischl
Moosklausalm	1130 m	775300 (L)	5270130 (B)	95, St.Wolfgang
Gjaidalm	1715 m	775300 (L)	5264300 (B)	96, Bad Ischl

Die Lage der Moore siehe van HUSEN, vorliegender Band.
Eine umfangreiche palynologische Bearbeitung in diesem Gebiet wurde außerdem von R. SCHMIDT von einer ganzen Reihe von Bohrprofilen aus mehreren Seen in verschiedenen Höhenstufen gemeinsam mit einigen Moorprofilen, u.a. auch von Rödschitz, Moosalm und Moosklausalm durchgeführt (R. SCHMIDT 1976, 1978a, b, 1981).
Die Vegetationsgeschichte des außerhalb der Spätglazialmoränen gelegenen nordwestlichen Teiles des Salzkammergutes im Bereich Irrsee, Mondsee – Attersee – Wolfgangsee wurde von BOBEK & SCHMIDT 1976 dargestellt. Besonders sei auf das Pollendiagramm des Wildmooses bei Mondsee verwiesen, das dem R/W interglazialen und würmzeitlichen Profil (KLAUS 1975, vorliegender Band) am nächsten liegt und den Verlauf der Vegetationsentwicklung im Spät- und Postglazial zeigt. In diesem Diagramm wurden auch die Pinusarten *(Pinus sylvestris, Pinus mugo* und *Pinus cembra)* nach pollenmorphologischen Kriterien unterschieden.

KLIMA

Der ozeanische Klimaeinfluß bedingt bekanntlich im Salzkammergut besonders in den Nordstaulagen niederschlagsreiches Klima, sowohl hinsichtlich der Häufigkeit, als auch der Menge (STEINHAUSER 1958). Damit sind die klimatischen Bedingungen für das Hochmoorwachstum gegeben. Der Jahresniederschlag beträgt in Bad Ischl nach langjährigen Messungen 1724 mm*), im Becken von Bad Aussee 1485 mm*). Die Sommer sind verhältnismäßig kühl. Die mittleren Tageswerte betrugen im Juli in Bad Ischl 17,1° (von 1901–1950).
Eine weitere klimatische Differenzierung ist im Salzkammergut durch die Gebirge gegeben. Die Seenplatten verursachen einen mildernden Klimaeinfluß.

VEGETATION

Die aktuelle Vegetation wird im Flyschgebiet und in den Kalkvoralpen von der Buche beherrscht (Abieti-Fagetum, MAYER 1974).
Im Dachsteingebiet (WENDELBERGER 1962) und im Toten Gebirge reicht heute der geschlossene Fichtenwald mit Tanne und Buche bis 1500 m, darüber folgen ausgedehnte Lärchen-Zirbenwälder der subalpinen Stufe mit Latschen und Alpenrosen-Zwergsträuchern, die sich auf den Kalkplateaus ausbreiten und noch über die von der Zirbe bei 1900 m gebildete Baumgrenze bis ca. 2200 m reichen. Die Erhebungen darüber tragen die Rasen-, Felsspalten-, Zwergstrauch- und Pioniergesellschaften der alpinen Stufe.

Pollendiagramme:

RÖDSCHITZMOOR

Da das Pollendiagramm aus dem Rödschitzmoor (DRAXLER 1977) besonders weit in das Spätglazial reicht und auch eine Gliederung des tiefsten Abschnittes aufgrund der Vegetationsentwicklung

---

*) Klimadaten aus: Die Niederschläge, Luft- und Wassertemperaturen in Österreich im Zeitraum 1901–1960. – Beiträge zur Hydrographie Österreichs, H. 38, 1964, Wien.

nach dem frühen Abschmelzen des würmzeitlichen Gletschers möglich schien, wurde im November 1985 noch einmal in differenter Lage von der alten Bohrstelle ca. 100 m SSE vom Schranken gebohrt. Es wurde diesmal das Hannover'sche Stechrohr, System Dr. Streif verwendet und damit überlappend je zwei Bohrkerne von je 1 m Länge und 46 mm Durchmesser gewonnen und analysiert. Die anstrengenden Bohrarbeiten wurden größtenteils von D., I. und U. van HUSEN durchgeführt, wofür ich mich an dieser Stelle herzlich bedanken möchte.
Das Rödschitzmoor liegt 1,5 km außerhalb von Bad Mitterndorf zwischen der im N vorbeiführenden Salzkammergut Bundesstraße und der im Süden liegenden Bahnlinie Bad Aussee/Stainach Irdning. Das 56 ha große Hochmoor ist durch die typische Vegetation aus Torfmoosen, Wollgras, Heidekraut, Sonnentau, Weiße Schnabelbinse, Moosbeere, Rausch- und Preiselbeere, sowie inselförmigen Latschenbewuchs gekennzeichnet. Das Hochmoor wird durch die Vegetationsbedeckung deutlich abgegrenzt von einem Niedermoor mit Pfeifengras, Schilf und Seggen umgeben. Die Bohrstelle befindet sich im nördlichen Teil des Hochmoores in der Mitte der Mulde.

Profil

Der postglaziale, ca. 3 m mächtige Hochmoortorf mit dem darunterliegenden Niedermoortorf wurde bereits von SCHREINER & KRAL 1973 pollenanalytisch bearbeitet (KRAL 1979).
Die Basis des Torfkörpers besteht vorwiegend aus minerogenen Ablagerungen des spätglazialen Sees, der nach dem Abschmelzen des Toteiskörpers entstand (van HUSEN 1977, S. 66). Die limnischen Sedimente gehen nach oben in eine Verlandungsserie über und sind wie folgt von unten nach oben gegliedert:

7–5,26 m: Kalkschluff (bei 7 m Bohrwiderstand durch Steine)
- 6,30–6,33 m: Grobsandlage und kleine Steinchen
- 6,00–6,15 m: Kalkschluff mit Einlagerungen von Großresten (kleine Reiserfragmente)
- 5,75–5,80 m: Grobsandlage
- 5,45–5,55 m: Kalkschluff mit Einlagerung von Reiserfragmenten
- 5,25–5,26 m: Braunmoostorf (gepreßte Braunmoosblättchen und Menyanthessamen)

5,25–5,22 m: Tongyttja
5,22–5,17 m: stark zersetzter Torf (mit Dy), mit Schilfrhizomen
5,17–5,14 m: Torf mit Schluff
5,14–5,10 m: stark zersetzter Schilftorf mit Mineralkomponenten
5,10– : Schilftorf mit Braunmoosen, Cyperaceen

Aufbereitung und Diagrammdarstellung

Von den Schluffen wurden alle 5 cm aus dem Inneren der Bohrkerne ca. 2–5 cm^3 Probenmaterial entnommen. Der Torf wurde nach Möglichkeit in Zentimeterabständen analysiert.
Die absolute Pollen- und Sporenzahl wurde nach einer Formel (KLAUS 1977a) pro Volumseinheit des Sedimentes bestimmt.
Die Aufbereitung erfolgte weitgehend nach den bewährten Methoden, die bereits W. KLAUS im palynologischen Laboratorium der Geologischen Bundesanstalt ausgearbeitet und verwendet hat (KLAUS 1967, 1973). Die Kalkschluffe wurden zuerst mit konzentrierter HCl gekocht und anschließend, in Abänderung der Methode mit 55%iger statt mit 72%iger HF nicht heiß, sondern auf kaltem Weg (24–48 Stunden) gelöst. Nach nochmaliger HCl Behandlung erfolgte die Chlorierung und Azetolyse des organischen Rückstandes. Verbleibender mineralischer Rückstand wurde nach der Bromoform-Alkoholringmethode abgetrennt (KLAUS 1973). Torf wurde durch ein 150μSieb gesiebt und so der Grobrückstand von dem feinen Detritus mit Pollen und Sporen getrennt und letzterer weiter chloriert und azetolysiert. KOH wurde nicht verwendet.
Für die Darstellung der Pollendiagramme wurden Pollen und Sporen (außer Equisetumsporen) zu-

sammengezählt und die Gesamtsumme 100% genommen. In einem Diagramm wurde die Gesamtsumme ohne Cyperaceae gerechnet, um den Einfluß des Anteils aus der eventuell lokalen Vegetation auf den Gesamtkurvenverlauf zu verringern.

Diagrammbeschreibung

Nach dem sehr frühen Rückzug der Eismassen aus dem Mitterndorfer Becken (van HUSEN 1977, vorliegender Band) entstand nach einem Eisrandstausee der Eiszerfallslandschaft ein See, dessen Sedimentfüllung die Basis der Moore dieses Beckens bildet, so auch des Rödschitzmoores. Bei der 1. Bohrung wurden 4,70 m dieser minerogenen Sedimente erbohrt, bis der Bohrer auf Steine stieß (DRAXLER 1977). Es konnten davon ca. 3 m Schluffe über dem grobsandigen Material, das vielleicht noch in der Nähe des Eises abgelagert wurde, pollenanalytisch ausgewertet werden. Das 2. Bohrprofil (Tafel 7) von einer anderen Stelle reicht nicht ganz so tief. Es ist anzunehmen, daß vor allem bei dem 1. Bohrprofil die Vegetationsentwicklung so ziemlich vom Beginn der Ältesten Dryas an und das anschließende weitere Spätglazial hindurch ohne Hiatus verfolgt werden konnte.
Bei der 1. Bohrung sind in den tiefsten noch sandigeren Schluffen sehr hohe Artemisiawerte nachgewiesen. *Artemisia* erreicht mit 30% die höchsten Werte unter den NBP.
Auch die neue Bohrung erfaßte ebenfalls noch einen Abschnitt aus einem sehr frühen Stadium der Vegetationsentwicklung (7 m – 6.60 m). Das Pollendiagramm beginnt mit einer NBP reichen Phase (bis zu 70% NBP).
Die Nichtbaumpollendominanz dieses Abschnittes ist auf die relativ hohe Frequenz der lichtliebenden und kälteresistenten Kräuter, der sogenannten Apocraten *(Helianthemum, Chenopodiaceae* und *Artemisia)* zurückzuführen. Am häufigsten aber sind Compositae-Cichoriaceae.
Wodurch es zur Anreicherung von diesen nicht so leicht durch den Wind transportierbaren Compositenpollen gekommen ist, könnte verschiedene Gründe haben. Entweder wurden sie durch Einschwemmung angereichert, begünstigt durch ihre Morphologie, oder dieses Maximum entspricht tatsächlich einer stärkeren Ausbreitung infolge des trocken-kalten Klimas (Mündl.-Arl. LEROI-GOURHAN 1985).
Kennzeichnend für diesen Abschnitt ist auch die sehr geringe Konzentration von autochthonen Pollen und Sporen (< 500) und einem Vielfachen an umgelagerten Präquartärpollen und Sporen vom O-Perm bis O-Kreide. Dies ist bekanntlich bezeichnend für eine spärliche, noch keinesfalls geschlossene Vegetationsbedeckung über Rohböden, nach dem Abschmelzen des Eises. Es handelt sich dabei aber doch schon um ein späteres Stadium der Vegetationsentwicklung nach der Pionierphase, das beweisen Vertreter alpiner Rasen, die *Armeria,* sowie das geringe aber stete Vorkommen von zwei Ephedrapollenformen. Gehölzpollen bleibt mit Ausnahme von *Pinus* spärlich. Es ist anzunehmen, daß nur niedrigwüchsige Formen von Weiden, Birken und hin und wieder auch Wacholder in der autochthonen Vegetation vereinzelt vorhanden waren. Die verhältnismäßig hohen Werte von *Pinus* sind entweder nur Fernflug oder auch auf Umlagerung aus älteren pleistozänen Sedimenten zurückzuführen. Auch die statistische Auswertung bei geringer Pollendichte spielt dabei eine Rolle. In den Profilen vom Halleswiessee und Krottensee treten nach BOBEK & SCHMIDT 1976 auch derart hohe Pinuswerte in entsprechender Diagrammlage auf. WELTEN (1982) berichtet ebenfalls von fallweise ungewöhnlich hohen *Pinus*werten innerhalb der Ältesten Dryas im Berner Mittelland.
Ab 6.70 m nehmen pflanzliche Gewebereste im Schluff zu und die Cyperaceenwerte steigen deutlich an. Die Höhe des Seespiegels dürfte bereits zurückgegangen sein. Die Kurven von *Helianthemum,* Chenopodiaceen, *Artemisia* und Cichoriaceen nehmen ab.
Im Verlauf dieses frühesten Vegetationsabschnittes kommt es offenbar zu einem weiteren Fortschritt in der Vegetationsentwicklung. Es erfolgt eine Zunahme an Elementen aus alpinen Rasengesellschaften, wie *Selaginalla selaginoides, Botrychium lunaria* und *Poaceen.* Strauchpollen von *Hippophaë* und *Juniperus* zeigen sogar höhere Werte und eine geschlossene Kurve. *Hippophaë* ist ein geringer Pollenproduzent (IVERSEN 1954). *Betula* erreicht auch einen kleinen Gipfel von 14% und die umgelagerten Präquartärsporomorphen gehen deutlich zurück. Die Pollenfrequenz steigt etwas an (bis > 800). Die Nichtbaumpollentypenzahl nimmt zu.

Im Sediment sind von 6.15–6.00 m Großreste u.a. Reiserfragmente eingelagert. Zwischen 6.00 m–5.70 m steigen wieder die Kurven der Kältesteppenzeiger *(Artemisia, Helianthemum,* Chenopodiaceae) an. *Juniperus* und *Hippophaë* verschwinden. Im Sediment ist Grobsand eingelagert. Aus dem Diagramm der 1. Bohrung wurden in vergleichbarer Diagrammlage, aber in deutlich unterschiedlicher Metrierung (6.30–6.40 m) stark erhöhte Werte der NBP *(Artemisia)* festgestellt.
Die unterschiedliche Tiefenlage der verglichenen pollenanalytischen Horizonte liegt an dem etwas landnäheren Bohrpunkt des neuen Profiles in dem ehemaligen Sedimentationsbecken.
Es ist jedenfalls keine nennenswerte Weiterentwicklung der Kältesteppenvegetation zu verzeichnen, so daß die Nähe eines Gletschers nicht auszuschließen ist.
Ab 5.70 m nehmen die Poaceen deutlich zu, die geschlossenen Kurven von *Hippophaë* und *Juniperus* setzen bald danach ein und drängen die Steppenelemente fast ganz zurück. *Ephedra* kommt noch vor. *Salix* erreicht ein Maximum noch vor *Betula. Pinus* scheint mit *Betula* zumindest nach dem Kurvenverlauf im Diagramm zu konkurrieren. Es wurde auf Grund von pollenmorphologischen Kriterien hauptsächlich *Pinus mugo* nachgewiesen. Die Unterscheidung von *Pinus sylvestris/Pinus mugo* erfolgte nach der Beschaffenheit des Zentralkörpers, des Capparandes, des Saccusreticulums und der Nodula (nach KLAUS 1975 und mündl. Mitt.). Die Vegetationsdecke muß bereits viel geschlossener gewesen sein als in den früheren Abschnitten. Die Pollenfrequenz /cm^3 nimmt zu und steigt auf über 1000/cm^3 Sediment. *Selaginella* weist die höchsten Werte auf und deutet auf lichte Gehölze. Poaceen breiten sich weiter aus. Die Juniperuskurve ist hier noch weniger als im 1. Diagramm vom Rödschitzmoor ausgeprägt. Im Vergleich dazu erreicht im Diagramm vom Nussensee z.B. nach SCHMIDT 1981 *Juniperus* wesentlich höhere Werte (40 %). Umgelagerte Präquartärsporomorphen sind noch immer mehr vorhanden, als autochthone Pollen und Sporen, nehmen aber in der Höhe des Juniperusgipfels stark ab. In diesem Stadium der Vegetationsentwicklung im Übergang von der Steppenphase zur beginnenden Gehölzausbreitung und Bewaldung ist noch einmal eine deutliche Zunahme von *Artemisia* und *Betula* in einer Probe aus einer ca. 1 cm dünnen Lage von gepreßtem Braunmoostorf (5.25 m–5.26 m) nachzuweisen. Die übrigen Kältezeiger des Spätglazials erreichen aber nicht einmal Prozentwerte.
Über diese Lage von Braunmoostorf folgt wieder ein vorwiegend schluffiges tongyttjaartiges Sediment (nicht karbonatisch). Kältesteppenelemente sind auch darin nur mehr selten, nur spurenweise *(Helianthemum)* vorhanden. Die Birke ist deutlich zurückgegangen. *Pinus* steigt dementsprechend an. Umgelagerte Präquartärsporomorphen sind noch in geringem Prozentsatz vorhanden. Vereinzelt vorkommender Fichtenpollen ist wohl auch dem umgelagerten Sekundärpollen zuzurechnen.
Mit dem Einsetzen der rein organogenen Torfsedimentation bei 5.20 m hören auch die umgelagerten Pollenformen vollständig auf. *Pinus* wird zum dominierenden Bestandselement. Die Birke ist zu Beginn noch mit wenigen Prozenten repräsentiert, spielt aber dann überhaupt keine Rolle mehr. *Pinus* erreicht 89 %. Der Erhaltungszustand des *Pinus*pollens in diesem stark zersetzten Schilftorf läßt keine Artbestimmung zu.
Der Torf wird ab 5.10 m zuerst nur mikroskopisch feststellbar wieder mineralhältig, die Cyperaceen nehmen im Diagramm wieder deutlich zu. Die NBP Frequenz steigt insgesamt nicht stark an, die Baumpollenkurve ändert sich nicht wesentlich. Doch treten wieder Zeiger offener Standorte, wie Chenopodiaceen, *Artemisia* und *Thalictrum* auf, und zwar in dem kurzen Sedimentabschnitt, der schon makroskopisch einen hohen Schluffanteil erkennen läßt. Vereinzelt treten auch wieder sekundär umgelagerte Pollenformen auf, und zwar ausschließlich Formen der Oberkreide *(Circulina)* und *Picea,* sowie *Tilia.* Die Birkenkurve schwankt zwischen 5 und 2 %. Die Zirbenwerte im Diagramm entsprechen wahrscheinlich nicht ganz dem tatsächlichen prozentuellen Anteil im Pollenspektrum, da sich die zur Trennung der Art notwendigen Merkmale nicht immer mit Sicherheit nachweisen lassen.
Nach der Kräuterphase setzt ein kurzer Abschnitt mit geschlossener Juniperuskurve, aber mit geringen Werten ein. Die Birke hat keinen nennenswerten Anteil. Am Ende dieses Abschnittes, ca. bei 5.10 m mit dem Aufhören des schluffhältigen Torfes, verschwinden auch wieder gleichzeitig alle vorher genannten Elemente, die auf eine ungünstigere Klimaentwicklung schließen lassen. Mit dem kontinuierlichen spurenweisen Vorkommen von *Picea* und mit der plötzlich steigenden *Pinus cembra*-Kurve ist wohl der Übergang zur postglazialen Waldentwicklung des Präboreals erreicht.

Pollenformen klimatisch anspruchsvollerer Gehölze, wie EMW Elemente *(Tilia)* oder *Picea* spielen in den spätglazialen Diagrammabschnitten des Rödschitzmoores keine Rolle und treten nur in prozentuell nicht faßbaren Werten sporadisch und nicht durchgehend auf.

HOCHMOOR BEI DER MOOSALM (Tafel 7)

Ein sehr ähnlicher Verlauf der Vegetationsentwicklung des Spätglazial wie im Rödschitzmoor, zeichnet sich auch im Pollendiagramm aus dem Hochmoor bei der Moosalm ab.
Das Profil ist wie folgt gegliedert:

750–700 cm:	grauer Karbonatschluff
700–690 cm:	grauer Karbonatschluff mit Feinsandlagen
690–665 cm:	grauer toniger Schluff (Karbonatdetritus)
665–645 cm:	grobsandige Lage mit Schluff
645–625 cm:	schwach rötlicher Karbonatschluff
625–540 cm:	grauer Karbonatschluff mit Radizellen und Characeenoogonien
540–515 cm:	grauer Schluff mit Radizellen und Schilfresten
515–485 cm:	grauer Schluff mit Geröllen (etwa 3 cm Durchmesser) und Radizellen
485–475 cm:	graubraune Tongyttja mit Holz
475–465 cm:	Detritusgyttja mit Holz und Schilf
465–445 cm:	Braunmoostorf
445–425 cm:	Braunmoostorf mit Carexradizellen
425–395 cm:	Braunmoosradizellentorf mit mineralischen Einschwemmungen und Holz
395– 0 cm:	Hochmoortorf *(Sphagnum* mit *Eriophorum)*

Eine detaillierte Beschreibung des ganzen Pollendiagrammes wurde 1977 gegeben, so daß hier nur kurz auf die Zonierung des Spätglazials eingegangen wird. Die Pollenspektren aus den 2.5 m mächtigen Kalkschluffen an der Basis zeigen eine Folge einer baumfreien, zunächst auch noch sehr spärlichen Vegetation mit NBP Werten bis zu 80 %, wobei ein großer Teil auf die sogenannten typischen Zeiger licht- und kälteliebender Kräuter entfallen, wie *Artemisia, Helianthemum* und Chenopodiaceae. Die *Pinus*werte sind in dieser Zone nicht so hoch wie im Rödschitzmoor, doch mit 10–40 % durchgehend deutlich höher als *Salix* und *Betula,* was wieder auf ein nicht ausschließlich autochthones Vorkommen schließen läßt. *Ephedra* ist durch zwei Pollenformen fast durchgehend nachweisbar, vereinzelt ist auch *Juniperus* in diesem Abschnitt vertreten. Gleichzeitig mit dem Wacholder treten auch Hochstaudenflurenelemente *(Geranium, Valeriana)* und Zeiger alpiner Rasengesellschaften *(Armeria, Selaginella selaginoides)* auf, so daß bereits mit einer zunehmend geschlossenen Vegetationsbedeckung gerechnet werden muß. Es steigen die Kurven von Poaceen und Cyperaceen deutlich an und erreichen maximale Werte. Die Vegetationsentwicklung geht weiter mit dem Anstieg von *Salix, Juniperus* und *Hippophaë.* Kältezeiger und Rohbodenpioniere, wie *Artemisia, Helianthemum* und Chenopodiaceae nehmen bis auf geringe Prozentwerte ab. Gleichzeitig steigt auch *Pinus* an. Das ^{14}C Datum von 12520 ± 180 J.v.h. aus dem gyttjaartigen Sediment (478–485 cm) gehört noch in die Chronozone des Bölling (MANGERUD et al. 1974). Die absolute Pollenzahl/cm^3 von 1000 entspricht wohl einer geschlossenen Vegetationsdecke, aber keiner geschlossenen Gehölzbedeckung.
Diese *Salix-Juniperus–Hippophaë* Strauchphase geht ohne deutliche Regression der Vegetationsentwicklung in die Bewaldungsphase über. Am Ende der Strauchphase sind hier nur ganz schwach durch kaum nennenswerte Vorkommen von *Artemisia*, die geringer sind als in der letzten NBP reichen Zone, und *Ephedra* eine Stagnation der Pinusausbreitung und zugleich auch durch einen Rückgang der Pollenkonzentration noch ungünstigere Vegetationsbedingungen angedeutet. Eine Tundrenzeit zeichnet sich auch hier kaum ab. Von dem ausgesprochen NBP armen Abschnitt der Bewaldungsphase mit maximalen Pinuswerten, die nur durch einen sehr markanten Cyperaceengipfel unterbrochen werden, hebt sich wieder recht deutlich ein NBP reicherer Abschnitt ab, in dem die typischen Spätglazialzeiger wie *Artemisia,* Chenopodiaceae und *Thalictrum* wieder auftreten.
Poaceen und Cyperaceen nehmen ebenfalls stark zu, auch *Juniperus* taucht nach dem kleinen *Arte-*

misia- und Chenopodiaceengipfel noch einmal auf. Mit einem ^{14}C-Datum von 10230 ± 140 J.v.h. läßt sich diese Zone ohne weiteres der Jüngeren Dryas (III) zuordnen. Die Grenze gegen das Postglazial wurde mit der Obergrenze des mineralhältigen Niedermoortorfes gezogen.

HOCHMOORE UM DEN ÖDENSEE (Tafel 7)

Die Sedimente an der Basis der Moore um den Ödensee (Profil II und III, DRAXLER 1977) sind für die Vegetationsgliederung des Spätglazials weniger geeignet. Die Karbonatschluffe an der Basis enthalten sehr hohe Werte an NBP vor allem auch der typischen Spätglazialzeiger, wie *Artemisia* (bis fast 30 % der Gesamtsumme) und Chenopodiaceae und auch sehr viele umgelagerte Pollenformen aus dem Präquartär, die auf eine sehr spärliche Vegetationsbedeckung schließen lassen. Diese Schluffe sind etwa denen an der Basis des Rödschitzmoores gleichzusetzen. Eine Strauchphase ist so gut wie nicht entwickelt. *Juniperus* kommt nur vereinzelt vor. Über diese Schluffe folgt in den Ödenseemooren (Profil I und III) eine Art Grobdetritusgyttja mit Holzfragmenten und Steinen. Es handelt sich um Schotter, die nach van HUSEN 1977, während des Gletschervorstoßes des Goiserer Standes auf den Schluffen abgelagert wurden. Außerdem sind in diesen Verlandungssedimenten die Cyperaceenwerte sehr hoch und ergeben ein NBP Maximum, so daß die Baumpollen ganz zurückgedrängt werden. Das ^{14}C-Datum aus dieser Gyttja liegt mit 12220 ± 180 J.v.h. an der Obergrenze des Bölling. Die Gehölzentwicklung ist in diesem Abschnitt noch sehr schwach. Die Pinusausbreitung zum 1. Maximum erfolgt im Alleröd (Profil III, Tafel 7), bei 11500 ± 180 J.v.h.). Die Jüngere Dryas ist ebenfalls wieder pollenanalytisch und sedimentologisch abzugrenzen und auch das ^{14}C-Datum von 10160 ± 130 J.v.h., Profil I, Tafel 7) läßt sich mit Zone III in Einklang bringen.

MOOR BEIM SPERRER, RAMSAU/BAD GOISERN (DRAXLER 1977)

Ein sehr kurzer Spätglazialabschnitt der Zone I wurde an der Basis des Profils dieses Hochmoores erreicht. Die hohen NBP Werte aus dem vorwiegend gyttjaartigen Sediment sind in erster Linie auf Cyperaceen und Cichoriaceen zurückzuführen. Außergewöhnlich hoch sind die Selaginellawerte, die bis zu 70 % bezogen auf die Gesamtsumme Pollen und Sporen betragen. Es ist anzunehmen, daß diese hohe Frequenz auf Einschwemmung zurückzuführen ist. Ähnlich hohe Selaginellawerte wurden auch im Ödenseemoor Profil III in entsprechender Diagrammlage verzeichnet. Gleichzeitig mit *Selaginella* erreichen auch die Cichoriaceen ein Maximum, deren Anreicherung die gleiche Ursache wie bei den Selaginellasporen haben könnte. Auch die sogenannten Apocraten sind prozentuell nachweisbar. Der Beginn der organogenen Sedimentation liegt am Ende der NBP reichen Phase und dem beginnenden Pinusanstieg bei 11970 ± 200 J.v.h., d.h. an der Grenze der Älteren Dryas zum Alleröd. *Pinus* erreicht darauf ein erstes Maximum und geht mit nahezu unverändert hohen Werten bis zur Piceaausbreitung während des Präboreals durch.

MOOR BEIM PLAKNER (DRAXLER 1977)

Im Profil des Moores beim Plakner im Ischltal ist ebenfalls ein sehr kurzer Diagrammabschnitt mit nur drei Pollenspektren an der Basis noch Zone I zuzuordnen, der bei ähnlicher Vegetationszusammensetzung wie im Moor von Ramsau nach dem ^{14}C-Datum auf 12410 ± 190 J.v.h. am Ende des Bölling liegt.

SCHMIEDGUT/BAD AUSSEE (DRAXLER 1977)

Das kurze Profil vom Schmiedgut, das bei einem Hausbau aufgeschlossen war, zeigt nach einem *Pinus*-reicheren Diagrammabschnitt eine sehr deutlich ausgeprägte NBP Phase mit den typischen Kältesteppenelementen des Spätglazials, wie *Artemisia* und *Helianthemum,* Chenopodiaceae, sowie auch Hochstaudenflurenelemente wie *Thalictrum* und *Geranium.* Diese NBP Phase wurde mit 11930 ± 250 J.v.h. datiert. Die Pollenspektren weisen auch noch hohe Cyperaceenwerte, neben entsprechend niedrigen BP Prozentwerten auf, die hauptsächlich auf *Pinus* entfallen. *Salix* und *Betula* ist nur in geringen Anteilen nachzuweisen. Bemerkenswert ist auch das Vorkommen von monosaccaten Pinuspollenkörnern, die nach KLAUS 1967 bei *Pinus mugo* Rassen auftreten und in kühleren Abschnitten des Spätglazials nachgewiesen wurden.

GJAIDALMMOOR/DACHSTEIN (DRAXLER 1977)

Das in der subalpinen Höhenstufe gelegene Gjaidalmmoor hat besondere Bedeutung für die Beantwortung der Frage, wann die Gletscher des zentralen Dachsteinplateaus noch über die Hochfläche hinausreichten. Zwar lag schon eine gründliche pollenanalytische Bearbeitung dieses Moores von KRAL 1971 vor, aber da keine ^{14}C-Daten vorhanden waren, wurde es noch einmal abgebohrt und folgendes Profil gewonnen (DRAXLER 1977):

260–170 cm: grauer Kalkschluff von grusig schottrigem Material und Sand lagenweise durchsetzt, ohne organische Großreste
190–170 cm: grauer Karbonatschluff mit etwas organischem Detritus
170– 20 cm: Detritusgyttja mit Braunmoosen
20– 0 cm: Wollgrastorf

Die Pollenspektren aus dem von Grobsandlagen unterbrochenen Kalkschluff an der Basis des Gjaidalmmoores (260–170 cm) werden von *Pinus* beherrscht (> 80 % der Gesamtpollensumme). Entsprechend gering ist der Prozentsatz an Kräuterpollenformen, die in diesem basalen deutlich abgegrenzten Diagrammabschnitt die bekannten für das Spätglazial typischen Kräuterpollenformen, Steppen- und Tundrenelemente, wie *Artemisia, Thalictrum* und Chenopodiaceae enthalten, wobei *Thalictrum* nach WELTEN 1982 schon den anspruchsvolleren Waldhochstauden zuzurechnen ist. Das Vegetationsbild, welches auf Grund der Pollenanalyse gewonnen wird, läßt sich zwar grundsätzlich vor allem mit dem ersten der beiden ^{14}C-Daten in Einklang bringen, die aus dem Schluff und aus dem tongyttjaartigen Sediment unterhalb des organischen Sedimentanteils aus zwei verschiedenen Bohrungen gewonnen wurden und Alter von 11490 ∓ 280 J.v.h. und 10570 ± J.v.h. ergaben.
Es wäre jedoch mit dieser Einstufung in das Spätglazial in das Alleröd (I) und die Jüngere Dryas (III) notwendig anzunehmen, daß die schon an der Basis relativ hohe Pollenkonzentration (28000/cm^3) in den Schluffen durch lokale Luftströmungen durch die Leeposition für Aufwinde an der Plateau Nordseite über der Karsthohlform in der heute das Moor liegt, angereichert worden ist, was ohne weiteres denkbar wäre, auch wenn die Pinus-Gehölzgrenze im Alleröd noch weitaus tiefer gelegen ist (etwa bei 1300 m). Die hohen Prozentsätze von *Pinus* und die relativ hohe Pollenzahl sprechen jedenfalls dafür, daß es zumindest in tieferen Lagen schon Waldbedeckung gegeben hat, was ja für das Alleröd zutrifft. Die relativ hohe Pollendichte läßt jedenfalls auf eine nicht mehr allzugroße Entfernung der Bewaldung schließen. Das vereinzelte Auftreten von EMW Elementen (Linde, Ulme), von *Corylus* und *Picea,* KRAL erwähnt auch noch *Quercus* und *Carpinus,* entspricht zwar nicht einem spätglazialen Vegetationsbild, könnte aber auch auf Fernflug zurückzuführen sein, der sich ja bekanntlich in größeren Höhen stärker auswirkt, als in Tallagen. Daneben sind auch Hochstaudenflurenelemente einer anspruchsvolleren Kräuterflora nachzuweisen. An strauchigen Elementen treten *Juniperus* und *Ephedra* auf.
Die Zirbe steigt gegen Ende dieses von *Pinus* dominierten Abschnittes kräftig an, was ein Höherrükken der Waldgrenze bedeuten könnte. Auch dieser Zirbenanstieg in einem Diagramm dieser Höhenlage des Dachsteins würde eher für ein jüngeres Alter, das KRAL 1971 mit Präboreal annimmt, als die durch die ^{14}C-Datierung postulierte Zonierung sprechen. In dem vorwiegend organischen Sediment von erdiger Beschaffenheit über dem Schluff, steigt die Pollenfrequenz schlagartig enorm an und die Kurven der wärmeliebenden, anspruchsvolleren Gehölze steigen ebenfalls stark an *(Ulmus, Corylus, Picea).* Damit ist zweifellos schon das Postglazial mit dem Beginn des Boreals (V) repräsen-

tiert, so daß ein Sedimentationsstillstand oder eine extrem geringe Sedimentation vom Alleröd, bzw. der Jüngeren Dryas bis zum Beginn des Boreals erfolgen mußte.

Vegetationsentwicklung und Klimaablauf während des Spätglazials (Tafel 8)

ÄLTESTE DRYAS (Ia)

Aufgrund des ^{14}C-Datums von 15400 ± 470 J.v.h. aus dem alten Bohrprofil vom Rödschitzmoor (DRAXLER 1977) ist anzunehmen, daß die Vegetationsentwicklung nach dem sehr frühen Eisrückzug lange vor dem Bölling i.w.S. (MANGERUD et al. 1974) begann. Der Vegetationsablauf konnte bei beiden Profilen aus dem Rödschitzmoor das ganze weitere Spätglazial hindurch verfolgt werden. Das gleiche gilt auch von der nach van HUSEN 1977 mehrere Meter mächtigen Schluffverfüllung fluviatiler Sedimente aus der Schwarzenseefurche, wovon unterhalb des Hochmoores bei der Moosalm ein Profilabschnitt rein minerogener Sedimente von 2,5 m erbohrt werden konnte. Nach den pollenanalytischen Untersuchungen ist auch damit der Beginn der Vegetationsentwicklung nach dem Abschmelzen des Eises erfaßt worden. Auch die liegenden Schluffe der Ödenseemoore reichen entsprechend tief. In den tiefsten Diagrammabschnitten der genannten Profile erreichen daher in erster Linie Kräuterpollen die höchsten Werte, und zwar *Artemisia, Helianthemum,* Chenopodiaceae, vorwiegend die lichtliebenden Steppenelemente, die zuerst die offenen Rohböden besiedelten. Dazu kommen noch *Rumex,* Caryophyllaceen *(Gypsophila),* Alpenpflanzen wie *Armeria, Saxifraga oppositifolia,* sowie auch Cichoriaceen, die z.T. dominant sind und vereinzelt kommen auch Sporen von *Selaginella* und *Botrychium* vor. Bezeichnend für den noch spärlichen Pflanzenwuchs ist auch der enorm hohe Anteil an Präquartärsporomorphen in den limnischen Sedimenten im Verhältnis zu einem viel geringeren Teil autochthoner Pollen und Sporen, der auf eine sehr große Umlagerungstätigkeit im Laufe der Sedimentzufuhr schließen läßt und große noch vegetations- und bodenfreie Flächen annehmen läßt.
Die absolute Pollenfrequenz/cm^3 liegt entsprechend der geringen Vegetationsdichte sehr niedrig ($> 500/cm^3$).
Zu dieser Rohbodenvegetation und Steppentundra zählen auch vereinzelte Vorkommen von *Ephedra, Salix* und *Betula.* Die erstaunlich hohen Pinuswerte sind in diesem frühen Stadium der Vegetationsentwicklung sicher nicht auf autochthone Vorkommen zurückzuführen, sondern stellen wahrscheinlich eine Mischung von Fernflug, Umlagerung aus älteren pleistozänen Sedimenten und vielleicht einen ganz geringen Teil auch aus dem Weitflug von Refugialstandorten dar. Eine Trennung dieser Anteile durch die Pollenanalyse ist nicht möglich.
Besonders im älteren Diagramm des Rödschitzmoores (DRAXLER 1977) beginnen die Cyperaceen mehr als im neuen Diagramm (Tafel 7) sehr bald eine große Rolle zu spielen und behalten diese dominante Stellung innerhalb der NBP auch in dem ganzen baumfreien Vegetationsabschnitt bei. Im neuen Diagramm ist der Anteil der Cyperaceen nicht ganz so hoch. es ist an eine lokale Vegetation zu denken, die vielleicht die ufernahen Flächen bewuchs, die durch Verkleinerung der Wasserfläche entstanden sind. Im Rödschitzmoor konnte dieser Abschnitt bei 7.00–7.20 m durch in den Schluff eingelagertes organisches Material (vorwiegend Astfragmente von Zwergsträuchern) mit 15400 ± 470 J.v.h. bestimmt werden. Durch dieses Datum ergibt sich für das endgültige Eisfreiwerden des Mitterndorfer Becken ein noch höheres Alter, das nach van HUSEN um 16000 Jahren liegt und nach seiner Meinung nach dem Rückschmelzen der Gletscherzungen und des inaktiven Eises des Jochwandstandes vor sich gegangen sein muß (van HUSEN 1977).
Innerhalb dieses wohl auf Grund der Dauer und der Sedimentationsbedingungen längsten Diagrammabschnittes des Spätglazials sind auch Schwankungen im prozentuellen Anteil der NBP und Gehölzpollen zu finden, die vielleicht nicht nur auf lokalen Zufälligkeiten beruhen. So ist besonders deutlich im neuen Diagramm vom Rödschitzmoor ein Pinusgipfel zugleich mit einem kleinen Hippophaëgipfel und Juniperusvorkommen verbunden mit einem sehr kleinen Anteil der Apocraten und einem Minimum an umgelagerten Präquartärsporomorphen zu bemerken, was vielleicht auf eine vorübergehende Klimaänderung hinweisen könnte. Wegen des sehr hohen Anteils an umgelagerten Pollen –

und Sporenformen an der Gesamtsumme ist die Interpretation des vor dem Bölling liegenden Diagrammabschnittes nicht sicher möglich (GROHNER 1986).
Auch in dem Profil von der Moosalm sind stärkere Schwankungen bei den NBP, i.B. bei den Apocraten und der Pinuskurve zu beobachten, so daß die Frage nach einer präböllingzeitlichen Klimaänderung aufgeworfen werden kann. Deutliche Hinweise einer präböllingzeitlichen Klimabesserung wurden bereits von mehreren Autoren auf Grund des Anstieges von BP in den südlichen Alpen angeführt, ohne daß aber bisher eine zeitliche Abgrenzung und Korrelierung dieser Diagrammabschnitte möglich gewesen wäre (SCHMIDT 1975, SEIWALD 1980, SCHNEIDER & TOBOLSKI 1985). Mit dieser Frage setzte sich auch BURGHA 1980 auseinander. Er konnte in zwei Bohrungen im Hinterrheingebiet in der Schweiz in einem Abschnitt höhere BP Prozente feststellen, der auf eine ausgesprochene Steppenphase an der Basis des Diagrammes folgt. Auch I. BORTENSCHLAGER 1976 weist bei Diagrammen aus Mooren im Inntal ebenfalls auf kleine Schwankungen in Ia hin. Die pollenanalytischen Hinweise für diese Klimabesserung vor dem Bölling sind zuerst aus Höhlensedimenten bekannt geworden (Arl. LEROI-GOURHAN 1964, Ar. LEROI-GOURHAN & M. GIRARD 1979.
Auf diesen Abschnitt folgt im Rödschitzmoor wieder eine regressive Phase der Vegetationsentwicklung. Die vorher genannten Strauchpollen verschwinden. Die Apocraten werden wieder häufiger, ebenso steigen Cichoriaceae wieder stark an. Im Sediment zeigt sich eine grobsandige Einlagerung und die umgelagerten Präquartärsporomorphen nehmen allmählich wieder stark zu, so daß sich daraus eine neuerliche Klimaverschlechterung ableiten ließe, die zeitlich vor dem Bölling i.e.S. liegt. Möglicherweise läßt sich damit auch ein neuerlicher Gletschervorstoß in Verbindung bringen, auf den nach van HUSEN 1977 auch die dem Rödschitzmoor am nächsten gelegenen Moränenwälle um den Ödensee zurückgehen und der von ihm als „Goiserer Stand" bezeichnet wurde. Leider ließ sich der Abschnitt wegen der fast ausschließlich minerogenen Sedimente nicht datieren. Der Anteil der Steppenelemente *Artemisia, Helianthemum,* Chenopodiaceae ist in dem Diagramm von der Moosalm und auch in den basalen Schluffen der Ödenseemoore höher als in dem Diagramm vom Rödschitzmoor. Im Pollendiagramm des Moores bei der Moosalm, das außerhalb der spätglazialen Moränen liegt, ist die absolute Pollenfrequenz höher als im Rödschitzmoor und die Zahl der umgelagerten Präquartärsporomorphen im Verhältnis zu den autochthonen Pollen viel geringer. Dieser Abschnitt, der im großen und ganzen durch eine Steppentundra, „alpine" Rasen, vereinzelte Zwergstrauchvorkommen und vor allem durch eine baumfreie und noch nicht geschlossene Vegetationsdecke charakterisiert ist, wird der Ältesten Dryas zugeordnet und die Dauer kann gestützt auf ein ^{14}C-Datum von 15400 ± 470 J.v.h. mit ca. 3000 Jahren von 16000–13000 J.v.h. angenommen werden.

BÖLLING (Ib)

Diese ausgeprägte Steppenphase geht über in eine Strauchphase mit *Hippophaë, Juniperus, Salix* und *Betula.* Die Poaceen steigen an und trugen wohl zur Festigung der Böden bei, denn mit der Entwicklung von Rasengesellschaften kam es zu einem zunehmenden Schließen der Vegetationsdecke, so daß sich die Gehölze ausbreiten konnten.
Der Anteil an umgelagerten Präquartärsporomorphen aus dem Untergrund geht daher auch deutlich zurück. Die Kurven der Apocraten fallen auch stark zurück, ohne jedoch noch ganz zu verschwinden. Die Pollenkonzentration nimmt zu und steigt an auf 2000 bis 10000 cm^3, erreicht aber damit noch keine Werte, die auf eine geschlossene Gehölzbedeckung schließen lassen könnten. Die Ausprägung dieser Strauchphase zeigt bereits sogar innerhalb des Salzkammergutes schon regionale Unterschiede, so ist diese im Profil vom Nussensee nach SCHMIDT 1981 viel stärker ausgeprägt als im Rödschitzmoor. Dieses Stadium der Vegetationsentwicklung wird ganz allgemein dem Bölling zugeschrieben und wird als Chronozone mit 13000–12000 v.h. (nach MANGERUD et al. 1974) begrenzt, wobei in diese nach MANGERUD et al. aber auch noch die davorliegende Tundrenzeit eingeschlossen wird.

Nach den Diagrammen des Rödschitzmoores beginnt gegen Ende dieser Strauchphase der kontinuierliche Pinusanstieg. Zuerst scheint die Birke der Ausbreitung noch Konkurrenz zu machen. Es könnte sich bei den schon verhältnismäßig hohen Pinusprozenten immer noch um einen gewissen Fernfluganteil der herannahenden Pinusgehölzbestände handeln. Vereinzelt ist auch Zirbe nachzuweisen. Neben den BP sind auch noch immer wenige Steppenelemente vorhanden und auch umgelagerte Präquartärsporomorphen treten auf. Die Sedimentation geht bei den Moorprofilen von den rein limnisch-minerogenen in die rein organogene über. Ein ^{14}C-Datum aus dieser Strauchphase liegt vom Moor bei der Moosalm vor. Es wurde ein gyttjaartiges Sediment datiert in der Höhe des Pinusgipfels, das ein Alter von 12520 ± 180 J.v.h. ergab und folglich eine Zuordnung zur Chronozone des Bölling erlaubt. In den Diagrammen vom Rödschitzmoor ist diese Strauchphase ebenfalls deutlich abzugrenzen. Der Juniperusgipfel ist in dem 2. Diagramm nur sehr schwach (5 %) ausgebildet.

ÄLTERE DRYAS (1c) I

Ließ sich die Zone Ib von Ia pollenanalytisch mit einiger Sicherheit abgrenzen, so ist die Abgrenzung einer der Älteren Dryas entsprechenden Zone nach der Strauchphase des Bölling, wie in vielen Diagrammen der Ost- und Westalpen und Süddeutschlands problematisch (BEUG 1976, I. BORTENSCHLAGER 1976, WELTEN 1982). So ist z.B. in dem Profil Moosalm nach dieser böllingzeitlichen Strauchphase kein deutlicher NBP Vorstoß mehr zu verzeichnen. Diese Phase geht allmählich, ohne Rückschlag in der Vegetationsentwicklung in das Alleröd über. Im Rödschitzmoor kommt es offenbar durch den Wasserspiegelanstieg (Niederschlagszunahme) zu Einschwemmung von ufernahen Braunmoostorfen z.B. (Braunmoosreste wurden schon ab 6.20 m in den Schluffen mikroskopisch nachgewiesen), die zu dünnen Lagen gepreßt in die vorwiegend anorganische Sedimentfolge eingeschaltet sind (SCHMIDT 1981) und in mehreren Profilen in gleicher stratigraphischer Position nachgewiesen wurden (DRAXLER 1977, SCHMIDT 1981). Höhere Werte von *Artemisia* in diesen Torflagen deuten auf eine Klimaverschlechterung, ohne daß sich allerdings die übrigen Apocraten wieder zeigen würden. Das ^{14}C-Datum aus dieser Braunmoostorflage von 12440 ± 440 J.v.h. ist böllingzeitlich. Es ist jedoch ohne allzugroßen Aussagewert für die chronostratigraphische Einstufung, da der statistische Fehler von 400 Jahren (auf Grund der geringen Materialmenge) zu hoch ist. Ein kleiner Betulagipfel von 25 % unterbricht den Anstieg von *Pinus*, vielleicht handelt es sich um ein Betulamaximum aus kleinen lokalen Beständen in Ufernähe. Der Pinusanstieg beginnt auch nach diesem Diagramm schon am Ende der Strauchphase. Nach SCHMIDT 1981 ist diese scheinbar geringe Auswirkung der Älteren Dryas in den Pollenspektren sekundär sedimentbedingt, in dem durch Niederschlagserhöhung bedingt verstärkte Umlagerung von böllingzeitlichen Sedimenten während der Älteren Dryas zu keiner merkbaren Erhöhung der NBP führte, bzw. diese auch durch eingelagertes älteres Material entsprechend ältere böllingzeitliche Daten lieferten. In dem noch vorwiegend wenige cm mächtigen, vorwiegend minerogenen Sediment über dieser Torflage im Rödschitzmoor sind die Apocraten nahezu verschwunden. Es tritt *Juniperus* auf, vereinzelt auch *Helianthemum*. Die Pollenfrequenz weist auf eine noch keineswegs geschlossene Gehölzbedeckung.
Ein deutlicher NBP Gipfel mit stärkerer Beteiligung der Apocraten ist in dem Diagramm vom Schmiedgut zu verzeichnen, der nach dem ^{14}C-Datum von 11930 ± 250 J.v.h. auch in die Ältere Dryas zu stellen wäre. Unter den NBP treten Hochstaudenflurenelemente auf *(Geranium, Heracleum)*. Auch in dem nur sehr kurzen Spätglazialabschnitt des Moores von Ramsau / Bad Goisern ist eine NBP Phase vor dem Pinusanstieg mit ungewöhnlich hohen Selaginellawerten mit 11970 ± 200 J.v.h. datiert. Diese beiden Daten sprechen in Einklang mit dem Bild der Vegetation nicht gegen eine Vergrößerung der Plateaugletscher, die zur Bildung regenerierten Gletscherzungen am Plateaufuß führten, die im Echerntal noch einmal den Talgrund erreicht haben könnten (van HUSEN 1977). Die Gehölzvegetation dürfte jedenfalls noch recht schütter gewesen sein und hat sich in Form von Pinusarten erst im Alleröd maximal ausgebreitet.

ALLERÖD (II)

Der markanteste Vegetationswechsel findet zwischen Ib/c und II statt. Dieser Abschnitt wird wohl in allen untersuchten Diagrammen von *Pinus* beherrscht. Es kommt auf alle Fälle auch schon die Zir-

be vor, so daß an eine beginnende Differenzierung nach der Höhe zu rechnen ist. Die Gehölzvegetation war geschlossen. Die Seen waren in den Profilpunkten verlandet und das Torfwachstum hat eingesetzt. Es sind keine umgelagerten Präquartärsporomorphen mehr nachzuweisen.
Die Torfarten (Braunmoostorf, Schilftorf) sind z.T. sehr stark zersetzt, so daß der Erhaltungszustand der *Pinus*pollenkörner nicht gut genug war, um die für die Artdifferenzierung notwendigen Details der Nodula und des Saccusreticulums bei einer statistisch relevanten Zahl von Pollenkörnern zu bestimmen.

JÜNGERE DRYAS (III)

In dieser Pinusphase treten in allen Pollendiagrammen aus dem Talbereich deutlich faßbare Veränderungen in der Vegetationszusammensetzung auf, i.b. innerhalb der NBP, die wie bei dem geringen Probenabstand im Rödschitzmoor deutlich zu erkennen ist, in mehreren Phasen vor sich gegangen ist.
Die rein organogenen Sedimente werden zumindest mikroskopisch deutlich feststellbar, wieder mineralhältig. Schluff und Ton sind beigemengt. Die Cyperaceae steigen wieder deutlich an. Spätglazialzeiger wie Chenopodiaceae, *Helianthemum, Artemisia* und *Thalictrum* treten wieder auf, wenn auch in geringem Prozentsatz, ebenso *Selaginella* und *Botrychium.* Auch *Juniperus* und sogar *Ephedra* sind wieder an der Vegetation beteiligt. Die Birke, die auch während des Alleröd keine sehr große Rolle in der Vegetation gespielt haben dürfte, fällt auf ganz geringe Werte zurück (2%). Mit dem Verschwinden der Zeiger für kühleres Klima hört auch der Mineralgehalt des Torfes auf. Mit zwei ^{14}C-Daten aus dem Profil des Moores von der Moosalm (10230 ± 140 J.v.h.) und aus dem Ödenseemoor mit 10160 ± 130 J.v.h. ist diese Pollenzone auch der Chronozone III nach MANGERUD et al. 1974 zuzuordnen, wonach diese Zone eine sehr lange Dauer von 11000–10000 hatte und dementsprechend anzunehmen ist, daß sich der Klimarückschlag auch auf die Vegetation ausgewirkt hat. Die mit dieser Klimaverschlechterung zusammenhängende neuerliche Zunahme der Vergletscherung hat sich aber nur mehr auf das zentrale Dachsteinplateau beschränkt (van HUSEN 1977), was sich darin zeigt, daß sich die Gehölzvegetation der Tallagen nicht mehr sehr stark verändert hat.

Literatur

BEUG, H.-J., 1976. Die spätglaziale und frühpostglaziale Vegetationsgeschichte im Gebiet des ehemaligen Rosenheimer Sees. – Bot. Jahrb. Syst., **95/3**:373–400, Stuttgart.

BOBEK, M. & SCHMIDT, R., 1976. Zur spät- bis mittelpostglazialen Vegetationsgeschichte des nordwestlichen Salzkammergutes und Alpenvorlandes (Österreich). Mit Berücksichtigung der Pinus-Arten. – Linzer biol. Beitr., **8/1**:95–133, Linz.

BORTENSCHLAGER, I., 1976. Beiträge zur Vegetationsgeschichte Tirols II: Kufstein–Kitzbühel–Paß Thurn. – Ber. nat. med. Ver. Innsbruck, **63**:107–137, Innsbruck.

BURGA, C.A., 1980. Pollenanalytische Untersuchungen zur Vegetationsgeschichte des Schams und des San Bernardino–Paßgebietes (Graubünden, Schweiz). – Diss. Bot., **56**: 156 S., Vaduz.

CHALINE, J. & JERZ, H., 1984. Arbeitsergebnisse der Subkommission für Europäische Quartärstratigraphie. Stratotypen des Würmglazials. – Eiszeitalter und Gegenwart, **35**:185–206, Stuttgart.

DRAXLER, I., 1977. Pollenanalytische Untersuchungen von Mooren zur spät- und postglazialen Vegetationsgeschichte im Einzugsgebiet der Traun. – Jahrb. Geol. B.-A. Wien, **120/1**:131–163, Wien.

DRAXLER, I. & HUSEN van, D., 1977. Zur Entwicklung des Spätglazials im Mitterndorfer Becken (Steiermark). – Verh. Geol. B.-A. Wien, **1977**:79–94, Wien.

GEYH, M., MERKT, J. & MÜLLER, , 1970. ^{14}C Datierung limnischer Sedimente und die Eichung der ^{14}C Zeitskala. – Naturwiss., **57**.

GROHNER, U., 1986. Zur Problematik von umgelagerten Palynomorphen in Glazial- und Spätglazialsedimenten des Schweizer Mittellandes. – Eclogae geol. Helv., **79/3**:617–639, Basel.

IVERSEN, J., 1954. The late -Glacial Flora of Denmark and its Relation to climate and soil. – Danm. Geol. Unders., **80**:87–119.

KLAUS, W., 1960. Sporen der karnischen Stufe der ostalpinen Trias. – Jahrb. Geol. B.-A. Wien, **107**:161–214, Wien.

KLAUS, W., 1963. Sporen aus dem südalpinen Perm. – Jahrb. Geol. B.-A. Wien, **106**:229–361, Wien.

KLAUS, W., 1967. Pollenanalytische Untersuchungen zur Vegetationsgeschichte Salzburgs: Das Torfmoor am Walserberg. – Verh. Geol. B.-A., **1967**:200–212, Wien.

KLAUS, W., 1972a. Saccusdifferenzierungen an Pollenkörnern ostalpiner Pinusarten. – Österr. Bot. Z., **120**: 93–116, Wien.

KLAUS, W., 1972b. Spätglazial-Probleme der östlichen Nordalpen. Salzburg – inneralpines Wiener Becken. – Ber. Dtsch. Bot. Ges., **85**:1–4, 83–92, Stuttgart.

KLAUS, W., 1973. Zur Aufbereitungstechnik und Stratigraphie von Triassporen. – Mitt. Ges. Geol. Bergbaustud. **21**:427–435, Innsbruck.

KLAUS, W., 1975a. Das Mondsee-Interglazial, ein neuer Florenfundpunkt der Ostalpen. – Jb. OÖ. Mus.-Ver., **120**:315–344, Linz.

KLAUS, W., 1975b. Über bemerkenswerte morphologische Bestimmungsmerkmale an Pollenkörnern der Gattung *Pinus*. – Linzer biol. Beitr., **7/3**:329–369, Linz.

KLAUS, W., 1977a. Zur Bestimmung und Interpretation der Pollendichte in Sedimenten. – Jahrb. OÖ. Mus.-Ver., **122/1**:171–182, Linz.

KLAUS, W., 1977b. „Coccus nivalis". Ein häufiges Mikrofossil des Spätglazials und frühen Postglazials. – Linzer biol. Beitr., **9/1**:81–84, Linz.

KLAUS, W., 1977c. Zur Pollendiagnose der Rot-Kiefer (*Pinus sylvestris* L.). – Sitz.-Ber. Österr. Akad. Wiss., math.-naturwiss. Kl., Abt. I, **196/4–5**:1–218, Wien.

KRAL, F., 1971. Pollenanalytische Untersuchungen zur Waldgeschichte des Dachsteinmassivs. – Veröff. Inst. Waldbau, Hochschule f. Bodenkultur Wien, 1–142.

KRAL, F., 1979. Spät- und postglaziale Waldgeschichte aufgrund der bisherigen Pollenanalysen. – Veröff. Inst. Waldbau, Hochschule f. Bodenkultur Wien, 1–175.

KRISAI, R. & SCHMIDT, R., 1983. Die Moore Oberösterreichs. – Linz, Trauner Verlag, 298 S.

LANG, G., 1963. Chronologische Probleme der späteiszeitlichen Vegetationsgeschichte in Südwestdeutschland und im französischen Zentralmassiv. – Pollen et Spores, **5/1**:129–142, Paris.

LEROI-GOURHAN, Ar., 1964. Chronologie des grottes d'arcy-sur-Cure. – Gallia prehistoire, **7**:1–35, Paris.

LEROI-GOURHAN, Ar. et GIRARD, M., 1979. Analyse pollinique de la Grotte de Lascaux. – Lascaux inconnu, XIIe Supplement a Gallia Prehistoire, 75–80.

MANGERUD, J., ANDERSEN, S.T., BERGLUND, B.E. & DONNER, J.J., 1974. Quaternary stratigraphy of Norden a proposal for terminology. – Boreas, **3**:109–128, Oslo.

MAYER, F., 1974. Wälder des Ostalpenraumes. – 344 S. (Gustav Fischer-Verlag), Stuttgart.

MÜLLER, H.N., KERSCHNER, H. & KÜTTEL, M., 1980. Gletscher- und vegetationsgeschichtliche Untersuchungen im Val de Nendaz (Wallis). – Ein Beitrag zur alpinen Spätglazialchronologie. – Zeitrschr. Gletscherkd. u. Glazialgeol., **16/1**:61–84, Innsbruck.

PATZELT, G., 1972. Die spätglazialen Stadien und postglazialen Schwankungen von Alpengletschern. – Ber. Dtsch. Bot. Ges., **85/1–4**:47–57, Stuttgart.

PATZELT, G. & BORTENSCHLAGER, S., 1978. Zur Chronologie des Spät- und Postglazials im Ötztal und Inntal (Ostalpen, Tirol). In: B. FRENZEL (Hrsg.): Führer zur Exkursionstagung des IGCP-Projekts 73/1/24 „Quaternary Glaciations in the Northern Hemisphere", 5.–13. Sept. 1976, Bonn–Bad Godesberg, 185–197.

RAUSCH, K.A., 1975. Untersuchungen zur spät- und nacheiszeitlichen Vegetationsgeschichte im Gebiet des ehemaligen Inn-Chiemseegletschers. – Flora, **164**:235–282, Jena.

RÖSCH, M., 1983. Geschichte der Nussbaumer Seen (Kanton Thurgau) und ihrer Umgebung seit dem Ausgang der letzten Eiszeit aufgrund quartärbotanischer, stratigraphischer und sedimentologischer Untersuchungen. – Mitt. Thurg. Naturf. Ges., **45**:110 S., Frauenfeld.

SCHMIDT, R., 1975. Pollenanalytische Untersuchungen zur spätglazialen bis mittelpostglazialen Vegetationsgeschichte im Raum Bozen. – Linzer biol. Beitr., **7/2**:225–247, Linz.

SCHMIDT, R., 1976. Pollenanalytische Untersuchungen von Sedimenten zum Eisrückzug und zur Wiederbewaldung im NE Dachsteingebiet und im Becken von Aussee (Steirisches Salzkammergut). – Linzer biol. Beitr., **8/2**:367–373, Linz.

SCHMIDT, R., 1978. Pollenanalytische Untersuchungen zur postglazialen Vegetationsgeschichte des Dachsteingebietes. – Linzer biol. Beitr., **9/2**:227–235, Linz.

SCHMIDT, R., 1979. Klimaoszillationen der Älteren (Ic) und Jüngeren Dryas (III) am Beispiel dreier Pollenprofile aus dem Salzkammergut (Egelsee/Attersee, Nussensee, Moor von Rödschitz). – Linzer biol. Beitr., **11/1**:67–73, Linz.

SCHMIDT, R., 1981. Grundzüge der spät- und postglazialen Vegetations- und Klimageschichte des Salzkammergutes (Österreich) aufgrund palynologischer Untersuchungen von See- und Moorprofilen. – Mitt. Komm. f. Quartärforschung, Österr. Akad. Wiss., **3**: 1–96, Wien.

SCHNEIDER, R. & TOBOLSKI, K., 1985. Lago di Ganna – Late Glacial and Holocene Environments of a Lake in the Southern Alps. – Diss. Bot., **87**:229–271.

SEIWALD, A., 1980. Beiträge zur Vegetationsgeschichte Tirols IV: Natzer Plateau–Villanderer Alm. – Ber. nat.-med. Ver. Innsbruck.

STEINHAUSER, F., 1958. Das Klima des Salzkammergutes. – Wetter und Leben, **10**:8–10.

VAN HUSEN, D., 1977. Zur Fazies und Stratigraphie der jungpleistozänen Ablagerungen im Trauntal. – Jahrb. Geol. B.-A. Wien, **120/1**:1–130, Wien.

WEGMÜLLER, S., 1977. Pollenanalytische Untersuchungen zur spät- und postglazialen Vegetationsgeschichte der französischen Alpen (Dauphine), 185 S., Bern.

WELTEN, M., 1982. Vegetatiosngeschichtliche Untersuchungen in den westlichen Schweizer Alpen: Bern–Wallis. – Denkschrift Schweiz. Naturf. Ges., **95**, Basel.

WENDELBERGER, G., 1962. Die Pflanzengesellschaften des Dachsteinplateaus (einschließlich des Grimmingstockes). – Mitt. Naturwiss. Ver. Steiermark, **92**, Beitr. z. alpin. Karstforschung, **17**:120–178.

ZAILER, V., 1910. Die Entstehungsgeschichte der Moore im Flußgebiet der Enns. – Z. Moorkultur und Torfverwertung, **1910**:1–83.

DIE SEDIMENTOLOGISCHE ENTWICKLUNG DES ATTERSEES UND DES TRAUNSEES IM SPÄT- UND POSTGLAZIAL

Jürgen SCHNEIDER[1], Jens MÜLLER[2], Michael STURM[3]

(mit 27 Abbildungen)

Summary

Lake Attersee and lake Traunsee (Salzkammergut, Austria) were finally formed during the Würm glaciation. The lakes are bordered by the Northern Calcareous Alps (southern parts) and by flysch and glacial deposits (middle/northern parts) which are sources for the sediments of the lakes.

Lake Attersee: Main phases of late- and postglacial sedimentary history can be distinguished using core analysis: Würm moraines and varves (17,000 to 13,000 B.P.), the early Attersee stage with well developed biogenic carbonate production (13,000 to 1,200 B.P.) and the late Attersee stage after the Bavarian colonization with forest clearance and rural development (from 1,200 B.P. on). The sedimentary history of the last 100 years can be reconstructed in more detail using heavy metal and isotope analyses. Sediments are produced, transported and distributed by river input, undercurrents, turbidity currents, land slides as well as benthic/epilimnetic biogenic carbonate production. The sedimentation rates vary as a consequence of changing climatic conditions and varying lake-bottom morphology.

Lake Traunsee: The deep central lake basin sedimentation is mainly controlled by the Traun-river (> 80 % of input), its prograding delta and – within the last 50 years – by industrial tailings. The sediments of the central basin are mainly transported and distributed by undercurrents and turbidity currents. The northern basin sedimentation is influenced by land slides, undercurrents, turbidity currents, rivulet input and biogenic carbonate production. During the late- and postglacial period, more than 45 m of sediment have accumulated in the central basin. The average sedimentation rate in the central deep basin during the last 50 years has been 2.2 cm/a (0.6 cm/a from natural sedimentation and 1.6 cm/a from industrial tailings). The sedimentation rate in the northern basin has been 0.4 cm/a.

Allgemeine Daten zum Attersee und Traunsee:

	Attersee	Traunsee
Höhe	469,2 m ü. Adria	422 m ü. Adria
Länge	20,1 km	12 km
Oberfläche	45,9 km^2	24,39 km^2
Uferlänge	53 km	34,2 km
max. Tiefe	170,6 m	189 m
mittl. Tiefe	84,2 m	91,3 m
Volumen	3.944,6 x 10^6 m^3	2.227,05 x 10^6 m^3
Einzugsgebiet	463,5 km^2	1.417 km^2

(Daten nach: MOOG & MEGAY 1982, SAMPL, JAGSCH & MEGAY 1982 und MÜLLER & SCHNEIDER 1984, S. 65 ff.)

[1]) Institut für Geologie und Dynamik der Lithosphäre der Universität, Goldschmidtstr. 3, D-3400 Göttingen, BRD.

[2]) Lehrstuhl für Allgemeine, Angewandte und Ingenieur-Geologie der TU München, Lichtenbergstraße 4, D-8046 Garching, BRD.

[3]) EAWAG/ETH Zürich, Überlandstraße 133, CH-8600 Dübendorf/Zürich, Schweiz.

I. ATTERSEE

1. Geographische, morphologische und geologische Situation

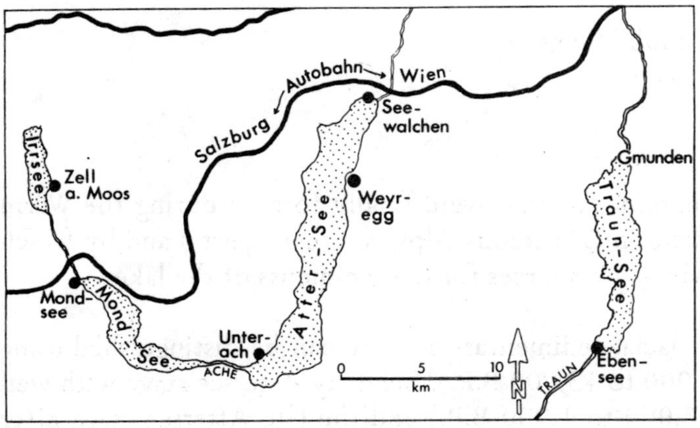

Abb. 1: Geographische Lage des Attersees und des Traunsees.

Der Attersee, der größte der österreichischen Seen, liegt ca. 40 km östlich von Salzburg (Abb. 1) vor dem Nordrand der Nördlichen Kalkalpen. Zur limnologischen Situation s. MÜLLER, Günther (1979), MOOG (1981), MOOG & MEGAY (1982), Vergleiche zu anderen österreichischen Seen s. z. B. LÖFFLER (1983).

Das Attersee-Becken ist in drei Teilbecken gegliedert (Abb. 2, vgl. auch MÜLLNER & SIMONY (1895):

a) ein südliches Becken (– 170 m), das durch eine Schwelle vom Zentralbecken getrennt ist.
b) ein morphologisch differenziertes Zentralbecken mit einer max. Tiefe von – 160 m und drei unterseeischen Erhebungen (– 12 m und – 49 bzw. – 78 m)
c) ein nördliches Becken, welches aus einer maximalen Tiefe von – 130 m allmählich nach Norden ansteigt.

Abb. 2: 3-dimensionale Darstellung des Attersee-Beckens (Computer-graph). Blick von SE nach NW.

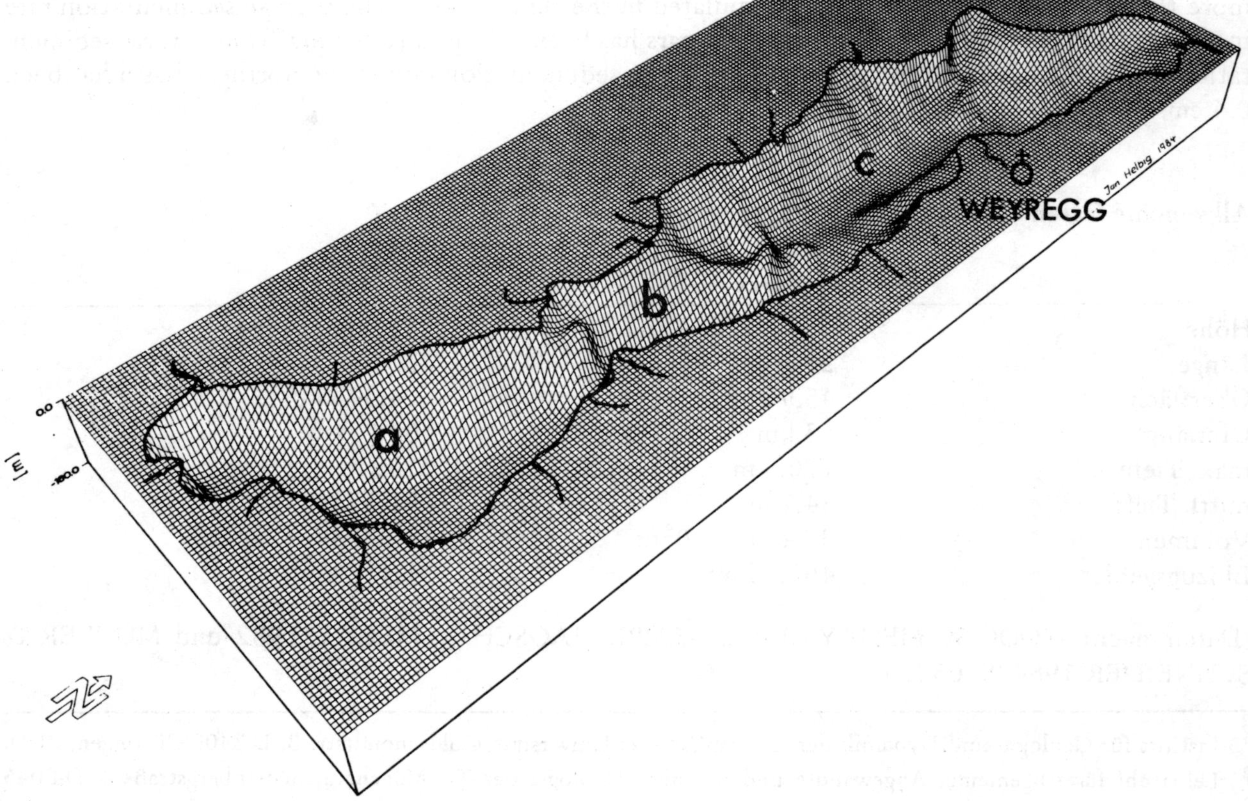

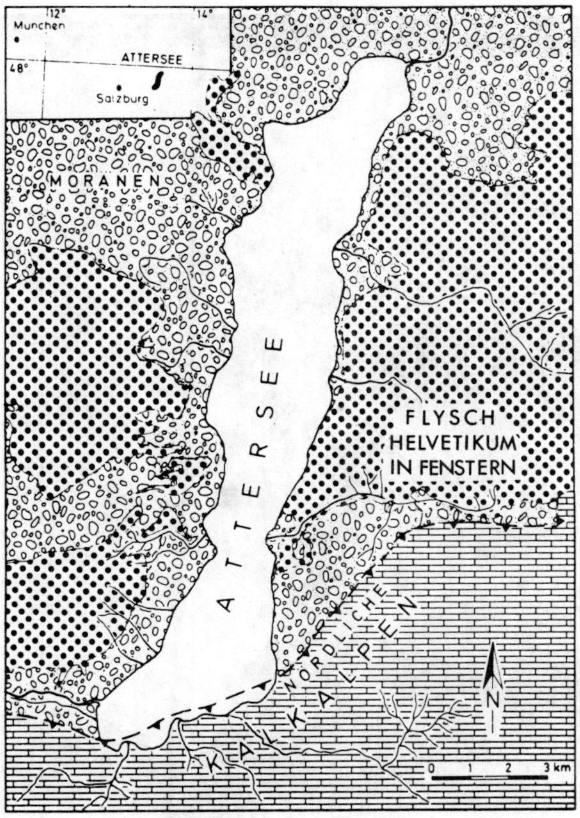

Abb. 3: Geologische Übersichtskarte der Umgebung des Attersees (nach HÄUSLER & SCHWARZENBÖCK 1970).

Die geologische Umrahmung des Attersees, welche als Liefergebiet für die allochthonen Sedimente in Frage kommt, läßt sich in drei Einheiten gliedern (Abb. 3):

a) Die Nördlichen Kalkalpen im Süden
b) Die Flysch-Zone mit Helvetikum im Osten und im Westen
c) Die Moränen-Gebiete im Norden und im Westen

Die Ausbildung der Uferlinien und der Unterwasser-Morphologie im Attersee ist maßgeblich durch die geologische Umrahmung bzw. den geologischen Untergrund bedingt. Daher finden sich steile Unterwasserböschungen im südlichen und östlichen Teil im Bereich der Nördlichen Kalkalpen und flache Schelf-artige Areale im westlichen Teil des Attersees, wo Gesteine der Flysch-Zone und Moränen das Seeufer bilden. Unterseeische Schwellen bzw. Erhebungen finden sich besonders dort, wo im Untergrund resistente Gesteine anstehen, wie z. B.

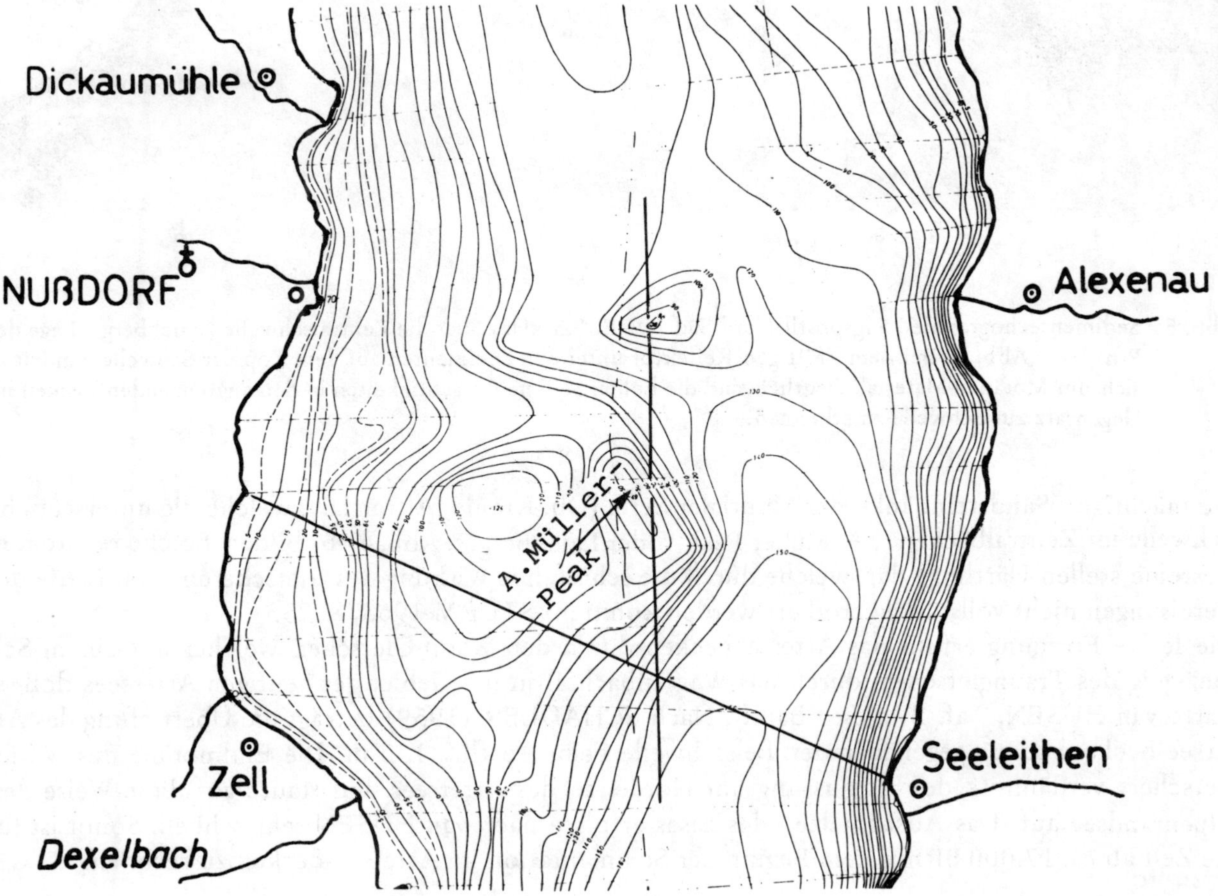

Abb. 4: Kartenausschnitt aus dem Zentralteil des Attersees. Die Linien geben die Lage der Sedimentechographie-Profile von Abb. 5 (N–S-Profil) und (WNW–ESE-Profil) wieder.

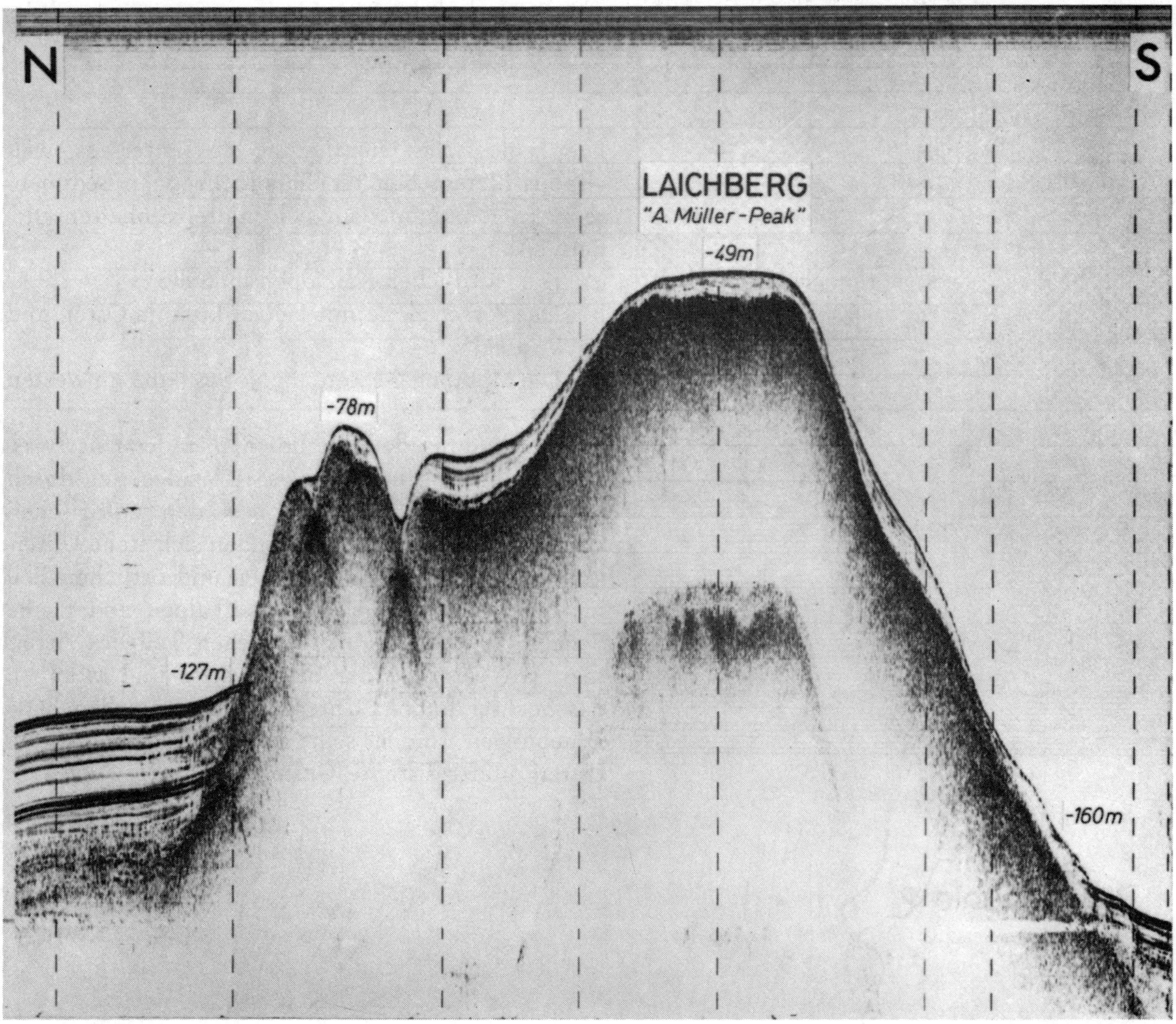

Abb. 5: Sedimentechographie-Längsprofil Nord-Süd (ORE, 3,5 kHz) über die Zentralschwelle (Laichberg). Lage des Profils: s. Abb. 4. Bei dem kräftigen Reflektor unter den Sedimenten auf dem Top der Schwelle handelt es sich um Moränen-Material. Deutlich sind die hohen Sedimentmächtigkeiten in den angrenzenden Becken im Gegensatz zur Schwelle zu erkennen.

die mächtigen Sandsteinbänke der Muntigler Serie (Ob. Kreide, Alttertiär), welche die unterseeische Schwelle im Zentralbecken („A. Müller-Peak" oder Laichberg, s. Abb. 4–6) bilden. Solche resistenten Gesteine stellen Härtlinge dar, welche durch die schürfende Wirkung des Gletschereises im Laufe der Vereisungen nicht vollständig erodiert werden konnten (STURM 1968, S. 253).
Die letzte Formung erfuhr das Atterseebecken durch den Würm-Gletscher, welcher mit einem Seitenzweig des Traungletschers durch das Weißenbachtal in das Gebiet des heutigen Attersees floß (s. Karte van HUSEN, Taf. 3, dieser Band). Nach SCHADLER (1959) beträgt die Übertiefung des Attersee-Beckenbodens gegenüber der Felsschwelle beim Ausfluß 132 m. Die Endmoräne des Würmgletschers verdämmte den Talausgang am Nordende des Attersees und staute auf diese Weise den Alpenrandsee auf. Das Abschmelzen des Eises erfolgte nach van HUSEN sehr schnell. Somit ist für die Zeit ab ca. 17.000 BP mit dem Beginn der Sedimentation im Attersee-Becken zu rechnen.

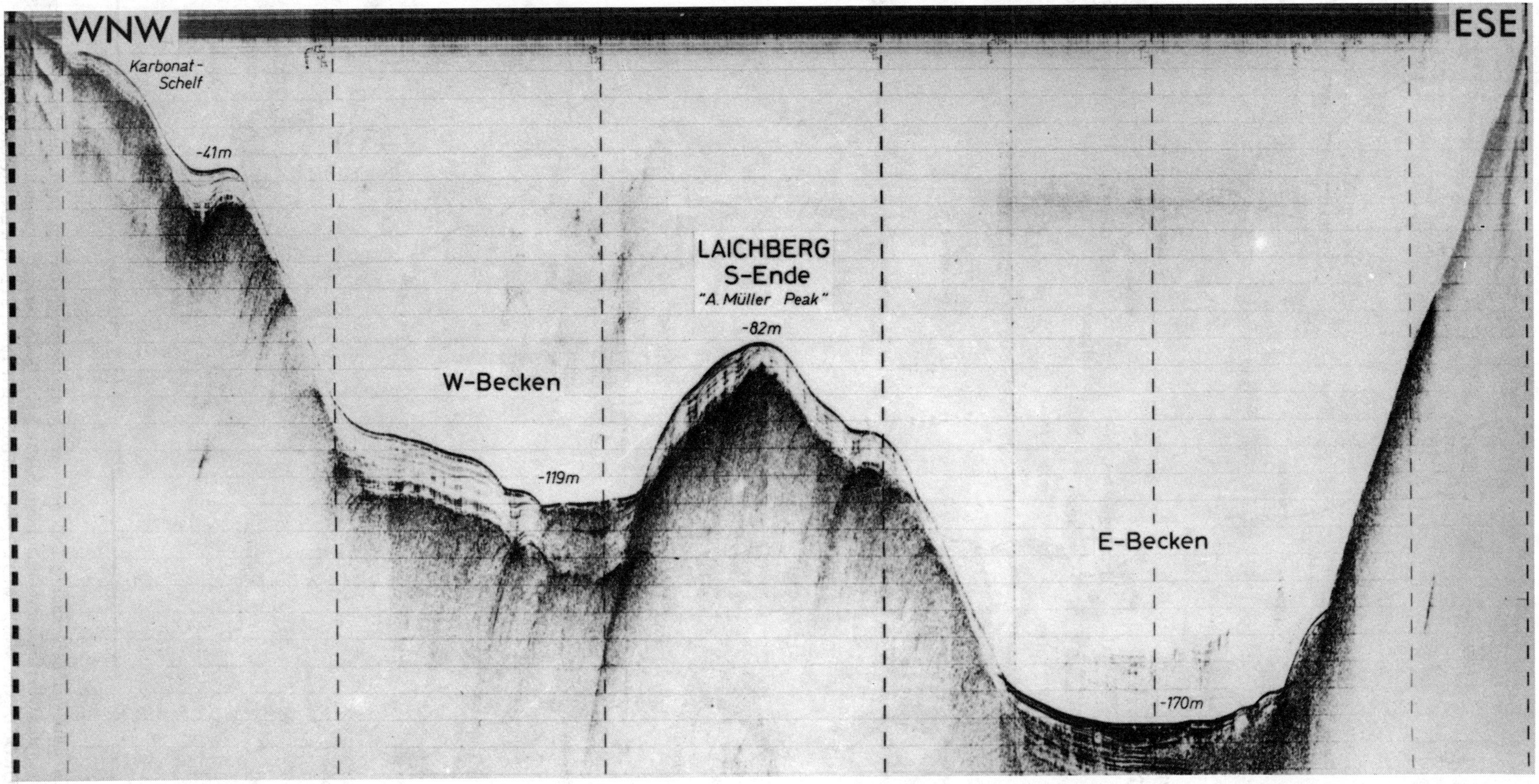

Abb. 6: Sedimentechographie-Profil (Querprofil, WNW–ESE) durch das Zentralbecken über den südlichen Teil der Zentralschwelle (ORE, 3,5 kHz). Lage des Profils s. Abb. 4 (s. auch Abb. 10 und 11).

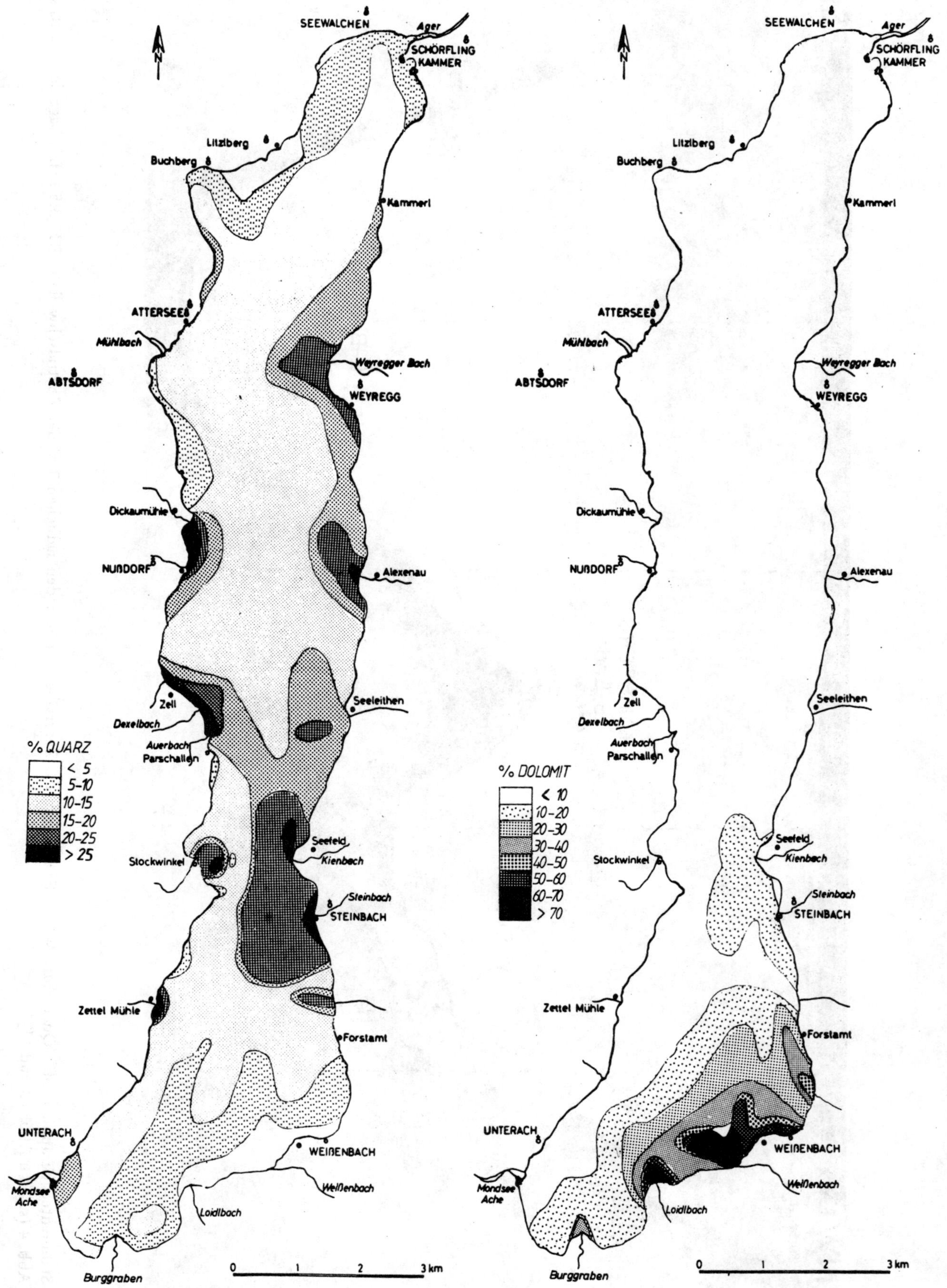

Abb. 7: Die Verteilung der Leitminerale Dolomit und Quarz entsprechend den unterschiedlichen Liefergebieten (s. Abb. 3) in den Oberflächensedimenten (oberste 5 cm) des Attersees (zusammengestellt aus: NIESSEN 1981, CHONDROGIANNI & SCHMIDT 1984, BEHBEHANI 1984, STRACKENBROCK 1985).

2. Sedimentliefernde Prozesse

Im Attersee treten im Verlauf seiner Geschichte im wesentlichen drei sedimentliefernde Prozesse auf (s. auch Abb. 10):

a) autochthone Karbonatproduktion durch epilimnische biogene Entkalkung

b) autochthone Karbonatproduktion durch benthische biogene Entkalkung

c) allochthone klastische Einschüttung aus verschiedenen Liefergebieten

a) Die biogene epilimnische Entkalkung findet während der Sommermonate statt, wenn durch die intensive Photosynthese des Phytoplanktons dem Oberflächenwasser Kohlendioxid und Bikarbonat entzogen wird, dadurch der pH-Wert ansteigt und deshalb die Übersättigung in bezug auf $CaCO_3$ so sehr ansteigt, daß Calcit in Form von kleinen Kristallen und verwachsenen Kristall-Aggregaten ausfällt und sedimentiert (MINDER 1922, RUTTNER 1947, SCHRÖDER 1982, STURM 1984, SCHRÖDER et al. 1983). Dieser Prozeß findet erst seit ca. 13.000 BP statt, seit die klimatischen Bedingungen und die trophischen Verhältnisse des Sees eine Phytoplanktonentwicklung in größerem Ausmaß erlauben. Dieselbe Entwicklung läßt sich auch für andere Gebiete des Alpenvorlandes nachweisen: z.B. im Schweizer Vorland (KELTS 1978, KELTS & HSÜ 1978).

b) Die biogene benthische Entkalkung findet im Flachwasser bis zu Wassertiefen von ca. 12 m statt, in denen benthische Mikro-, Makro- und Epiphyten fähig sind, durch Entzug von Kohlendioxid und Bikarbonat in erheblichem Umfang Calcit auszufällen (KANN 1940, SCHNEIDER & SCHRÖDER 1980, SCHRÖDER 1982, SCHRÖDER et al. 1983).
Im flachen Sublitoral führen beide Prozesse (a und b) zur Bildung von Seekreide-Sedimenten mit Karbonatgehalten von > 80 % (SCHÖTTLE & MÜLLER 1968, SCHÄFER 1973, SCHRÖDER 1982).
Eine 1980/81 durchgeführte Karbonatbilanz für den Attersee ergab eine Menge an biogen produziertem Karbonat im Attersee von 11.000 bis 12.000 Tonnen Calcit/Jahr oder 250 Tonnen Calcit/km^2 x Jahr (SCHRÖDER et al. 1983).

c) Die Einschüttung von allochthonem Material in das Becken des Attersees erfolgt in der Hauptsache durch die Zuflüsse. Daneben sind aber auch Massenbewegungen zu verschiedenen Zeiten der Sedimentationsgeschichte von lokal erheblicher Bedeutung. Letztere erfolgten und erfolgen hauptsächlich in die Areale des Sees, welche den Flysch-Gebieten vorgelagert sind, also besonders am Ostufer. Daneben werden aber auch durch Wellenschlag-Erosion in den Uferzonen, durch oberflächlich abfließende Niederschlagswässer in kleinem Ausmaß sowie durch Regen und Wind allochthone Sedimente in das Seebecken transportiert.
Die mineralogische Zusammensetzung der Sedimente, welche in das Seebecken eingebracht werden, ist bestimmt durch die unterschiedliche Lithologie der Einzugsgebiete. Abb. 7 zeigt eine charakteristische Verteilung der Zusammensetzung der heutigen Oberflächen-Sedimente: Dolomit-Gehalte > 10 % finden sich nur im südlichen Attersee, wo er aus den in weiten Teilen dolomitisierten Nördlichen Kalkalpen angeliefert wird. Quarz, Feldspäte (Albit und Mikroklin) und Tonminerale (Kaolinit, Illit, Montmorillonit, Chlorit, Muskowit) und geringe Mengen an Calcit stammen aus den Flysch- und den Moränen-Gebieten. Die Quarz-Verteilung in den rezenten Sedimenten zeigt ebenfalls den signifikanten Unterschied in den Liefergebieten.
Auch das Ausmaß der Vegetation im Einzugsgebiet des Attersees ist verantwortlich für die jeweils angelieferten Mengen an Sediment. Die im älteren Spätglazial, nach dem Rückzug der Gletscher kaum vorhandene bzw. sehr spärliche Vegetation führte zu einer höheren Erosionsrate im Liefergebiet und damit zu einer höheren Sedimentationsrate im Attersee-Becken. Nach der mehr und mehr flächendeckenden Vegetationsentwicklung gegen Ende des Spätglazials und besonders im Postglazial nahm die Erosions- und damit auch die Sedimentationsrate deutlich ab.

3. Verteilungsmechanismen für die Sedimente im Attersee

Die Verteilungsmechanismen der unterschiedlichen Sedimente im See hängen u.a. ab von der Art der Minerale (Korngröße, Dichte) von der Beckenmorphologie und von den physikochemischen Parametern des Wasserkörpers (Abb. 8). Hier spielt vor allem die Temperaturschichtung eine wichtige Rolle.

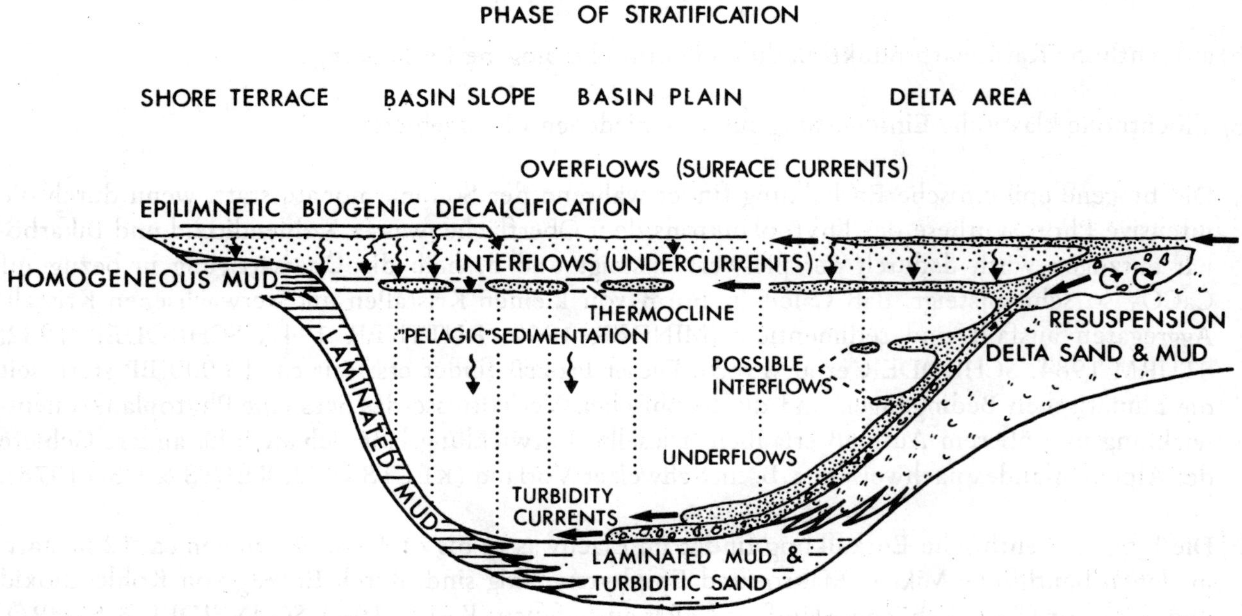

Abb. 8: Verteilungsmechanismen für autochthone und allochthone Sedimentpartikel in einem thermisch geschichteten See (aus: OBENLÜNESCHLOSS 1986, modifiziert nach: STURM & MATTER 1978).

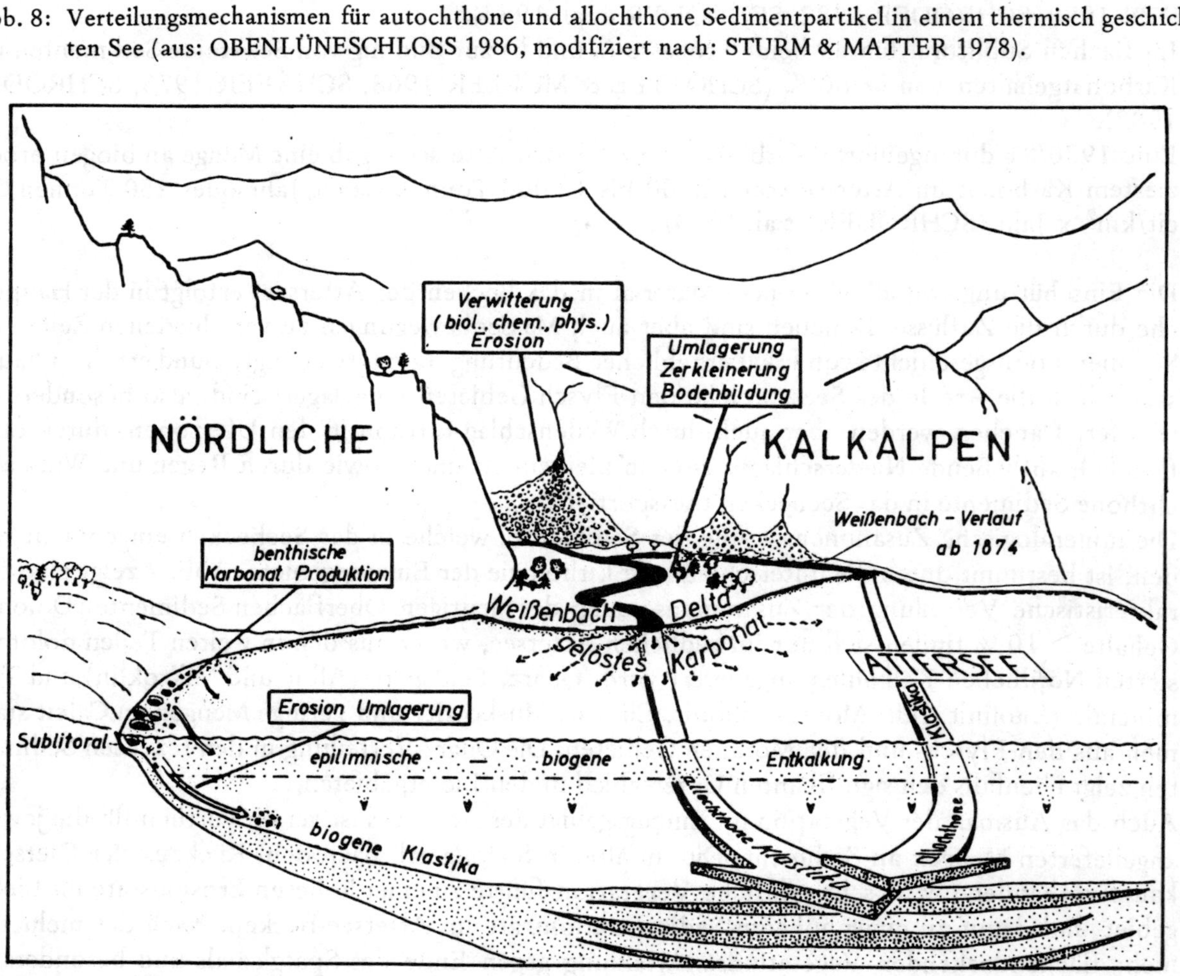

Abb. 9: Sedimentliefernde Prozesse und Verteilungsmechanismen von allochthonen Klastika im Attersee-Südostbekken (Weißenbach-Delta, aus NIESSEN 1981).

Von Mai bis Oktober ist der Attersee thermisch geschichtet in ein oberes wärmeres Epilimnion (bis ca. 12 m Wassertiefe) und ein unteres, kälteres Hypolimnion, getrennt durch eine Übergangszone (Metalimnion). Diese Wasserschichtung hat einen entscheidenden Einfluß auf die Verteilung vor allem der allochthonen Klastika. Suspendiertes Sedimentmaterial kann dabei durch over-, inter- oder underflows in das Seebecken transportiert und umverteilt werden (Abb. 8 und STURM & MATTER 1978, LAMBERT et al. 1976). Je nach seeinterner Temperaturschichtung werden die Sedimentpartikel entsprechend ihrer Größe und Dichte oberhalb der Thermokline über das ganze Becken verteilt.

Das Auftreten von grundberührenden turbidity currents ist dagegen nicht an die Temperaturschichtung gebunden. Turbidite treten bevorzugt vor Deltas und Schuttfächern größerer und kleinerer Zuflüsse auf. In den Delta-Bereichen werden Sedimente zwischengelagert, bis sie von Zeit zu Zeit abrutschen und als turbidity currents in das jeweils vorgelagerte Becken transportiert werden. Dort lagern sie sich dann in Form von Turbiditen meist als gradierte Lagen ab. Dabei können sich Turbidite aus verschiedenen Liefergebieten überlagern und miteinander verzahnen. Die einzelnen Liefergebiete können an Hand der mineralogischen Zusammensetzung des jeweiligen Turbidites identifiziert werden. Auch Verlagerungen einzelner Deltas können in den Sedimentkernen identifiziert werden, die in den verschiedenen Becken entnommen wurden (s. Abb. 9). Da die Deltaschüttungen und die entsprechenden Turbidite des Südbeckens vorwiegend aus dem Kalkalpin stammen, also hauptsächlich klastischen Dolomit enthalten, können sie eindeutig von solchen Turbiditen unterschieden werden, welche aus Flysch-Gebieten stammen.

4. Die Sedimentationsgeschichte des Spätglazials

Das Spätglazial beginnt nach dem Rückzug und nach dem Abschmelzen der Gletscher. Nach van HUSEN (1977) ist dies auf die Zeit ab 17.000 BP anzusetzen, sodaß ab diesem Zeitpunkt mit einer mehr oder weniger gleichmäßigen Sedimentation im Attersee-Becken gerechnet werden kann. Nach Pollendatierungen durch Doz. Dr. R. Schmidt (Limnolog. Inst. Mondsee, in: BEHBEHANI et al. 1985) ist ein deutlicher spätglazialer Nichtbaumpollen-Abfall, verbunden mit dem Auftreten und der Ausbreitung von Wacholder und Birke *(Juniperus* und *Betula)* um 13.000 BP zu verzeichnen. Der Zeitraum des älteren Spätglazials umfaßt demnach hier rund 4.000 Jahre.

In manchen der im Attersee entnommenen Kolbenlot-Kernen wurde die gesamte Sedimentsäule von den rezenten Sedimenten bis zu den Schottern der Würm-Moränen durchteuft. Die Abb. 10 zeigt ein schematisches Querprofil durch das Zentralbecken des Attersees, in dessen Mitte sich eine unterseeische Schwelle erhebt. Die Abb. 6 zeigt ein Sedimentechographie-Profil aus diesem Bereich, über das Südende der Schwelle. In dem Sedimentechogramm ist überall, außer im Ostbecken unter der Sedimentbedeckung ein deutlicher Reflektor zu sehen. Aus den Kolbenlotkernen wissen wir, daß es sich hierbei um die Würm-Moräne oder zumindest um deren oberen Teil handelt. Im Ost-Becken konnte der Untergrund nicht durch die Sedimentechographie erreicht werden.

Die Abb. 11 zeigt eine Auswahl von Kolbenlotkernen auf einem analogen Profil über die Zentralschwelle mit den wichtigsten und eindeutigen lithostratigraphischen Grenzen. Aufgrund von Pollendatierungen erweisen sich die lithologischen Grenzen zugleich auch als stratigraphische Grenzen. In den Abbildungen 12 und 13 sind die Kerne ATT 80/14 vom westlichen Schelf und ATT 80/1 vom Top der Zentralschwelle detaillierter dargestellt mit einigen wesentlichen sedimentgeologischen Parametern. Die beiden Sedimentkerne zeigen ein vollständiges Profil der Sedimente vom Spätglazial bis heute. Die beiden Beckenkerne ATT 80/9 aus dem West-Becken und ATT 80/10 aus dem Ost-Becken (Abb. 11) reichen nur bis oder knapp über 6.000 Jahre zurück, weil in den Becken wegen der häufigen Einschüttungen von Turbiditen und Rutschmassen die Sedimentationsrate generell wesentlich größer ist als auf den Schelfen bzw. Schwellen.

Die Sedimentationsrate auf dem westlichen Schelfbereich (in 32 m heutiger Wassertiefe, ATT 80/14, Abb. 12) zwischen den Moränen-Schottern und den Seesedimenten, welche jünger als 13.000 BP sind, beträgt über die 4.000 Jahre gemittelt durchschnittlich 0,62 mm/a. Die Sedimentationsrate der entsprechenden Sedimente auf der Zentralschwelle (ATT 80/1, Abb. 13) beträgt dagegen nur 0,28

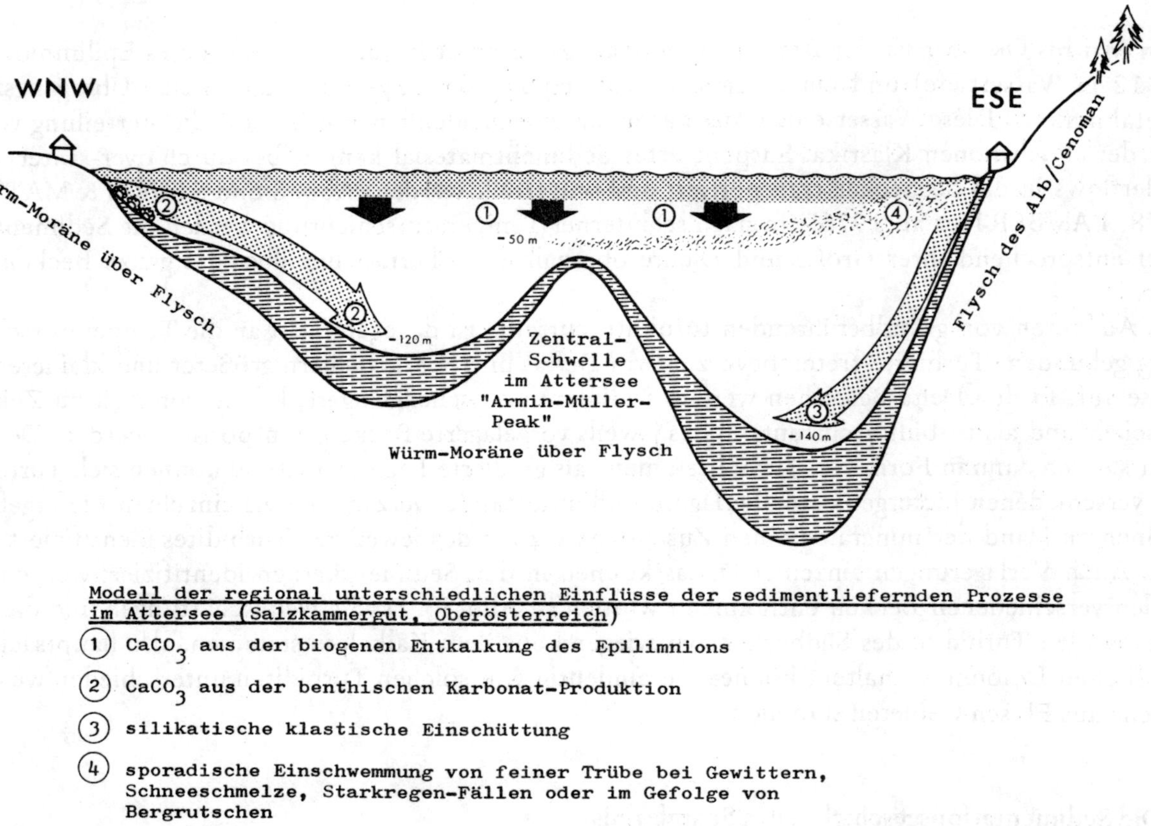

Abb. 10: Schematisches Modell der verschiedenen sedimentliefernden Prozesse am Beispiel des Querprofils über die Zentralschwelle (s. Abb. 11), aus: WINDOLPH & SCHNEIDER 1980.

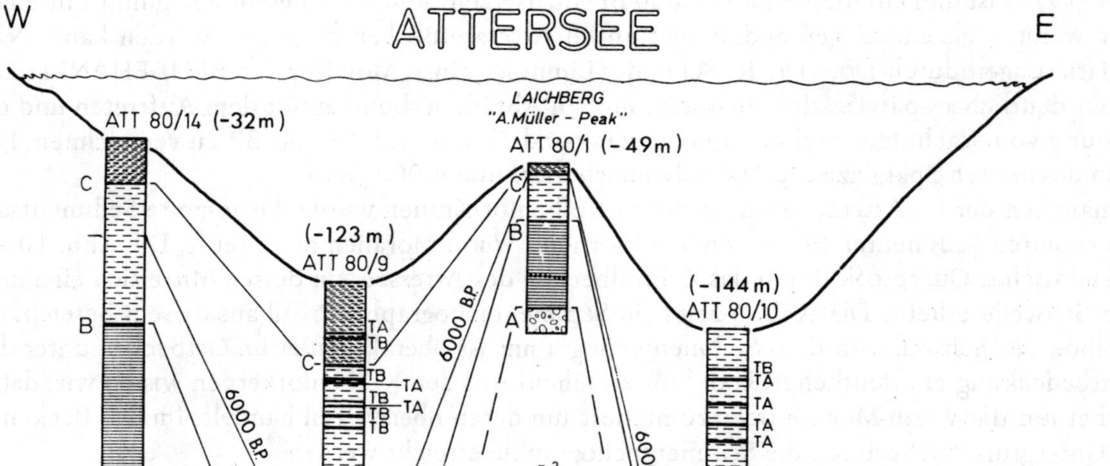

Abb. 11: Querprofil über die Zentralschwelle des Attersees mit 4 Kolbenlotkernen aus dem Schelfbereich, den Becken und der Schwelle (vergl. Sedimentechogramm Abb. 6).

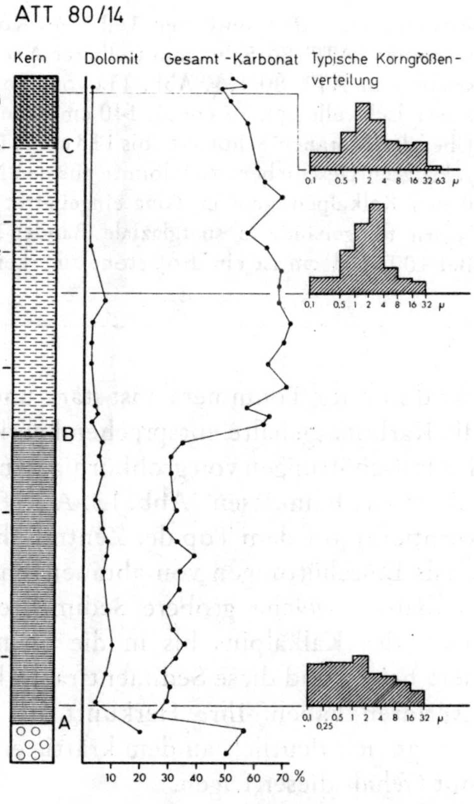

Abb. 12: Kolbenlotkern ATT 80/14 aus dem Schelfbereich westlich der Zentralschwelle (Lage s. Abb. 11) mit den wichtigsten sedimentologischen Parametern (Signatur s. Abb. 11).

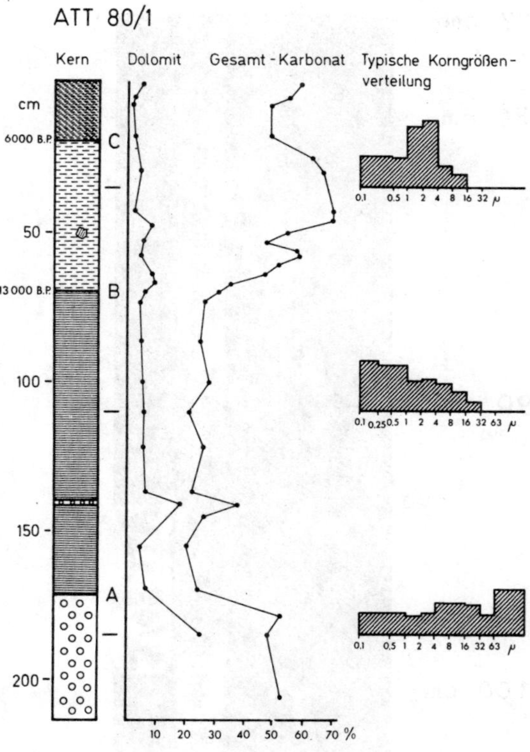

Abb. 13: Kolbenlotkern ATT 80/1 vom Top der Zentralschwelle (Lage s. Abb. 11) mit den wichtigsten sedimentgeologischen Parametern (Signatur s. Abb. 11).

mm/a. Die jüngsten Glazialschotter sind in einer tonigen Matrix eingebettet und wegen der gelegentlich auftretenden gekritzten Geschiebe wohl als Grundmoräne zu interpretieren. Wegen der zahlreichen kleinen Karbonatgesteinsbrocken (Sand- und Kies-Fraktion) liegen die Gesamtkarbonatgehalte in diesen Sedimenten bei 50–60 % (Abb. 12 und 13). Über den Schotter-Sedimenten folgen sehr feinkörnige, schlecht sortierte tonige Sedimente. Diese Tone sind in ihrem unteren Teil sehr deutlich feingeschichtet (mm-Bereich) und sind sicherlich z.T. als echte Warwen anzusprechen (Abb. 14, Kern ATT 80/5 vom Top der Zentralschwelle in unmittelbarer Nähe des Kerns ATT 80/1). Gelegentlich treten auch drop stones in diesen Bändertonen auf (Abb. 14). Eine detaillierte Auswertung der Bänderung fehlt bisher allerdings. Nach oben zu wird die feine Bänderung allmählich verwaschener und in den letzten Dezimetern ist keine Feinschichtung mehr zu erkennen. Wegen des vorwiegend kalten Klimas mit ausgeprägteren Wechseln zwischen warmen Sommern und kalten Wintern und wegen der erst allmählichen Vegetationsentwicklung im Verlauf des älteren Spätglazials und der daraus resultierenden stärkeren Erosion im Hinterland wird die Art der Sedimentation erklärbar. Das Auftreten präquartärer Sporomorphen in den älteren spätglazialen Sedimenten dokumentiert die verstärkte Erosion älterer Gesteine in den Liefergebieten.

Die Karbonatgehalte der Bändertone dieses „Eissee-Stadiums“ im Attersee liegen mit 30 bis 40 % deutlich unter den Karbonatgehalten der übrigen Sedimente (Abb. 12 und 13). Im Gegensatz zu den höheren Karbonatgehalten des Liefergebietes (Bereich der Moränen-Schotter und Bändertone von heute über Wasser, talaufwärts liegenden ehemaligen Seesedimenten; van HUSEN 1977, S. 115) deuten diese niedrigen Karbonatgehalte auf eine sehr distale Ablagerung der Warwen-Sedimente im Attersee hin. In den Attersee wurde viel mehr Feinmaterial eingeschüttet als in die kleinen Seewannen, die weiter talaufwärts lagen. Dies zeigt sich auch deutlich an der Korngrößenverteilung beim Vergleich entsprechender Abschnitte in Kern ATT 80/1 und ATT 80/14 (Abb. 12 und 13) und den entsprechenden Analysen, die van HUSEN (1977, Abb. 65 und 67–68) angibt. Die Sedimente aus den kleinen Seewannen der Täler enthalten hauptsächlich Silt- und nur sehr geringe Tonanteile. Die Warwen aus den distalen Sedimenten des Attersees enthalten zum größten Teil Tonfraktion, d.h. der Verdün-

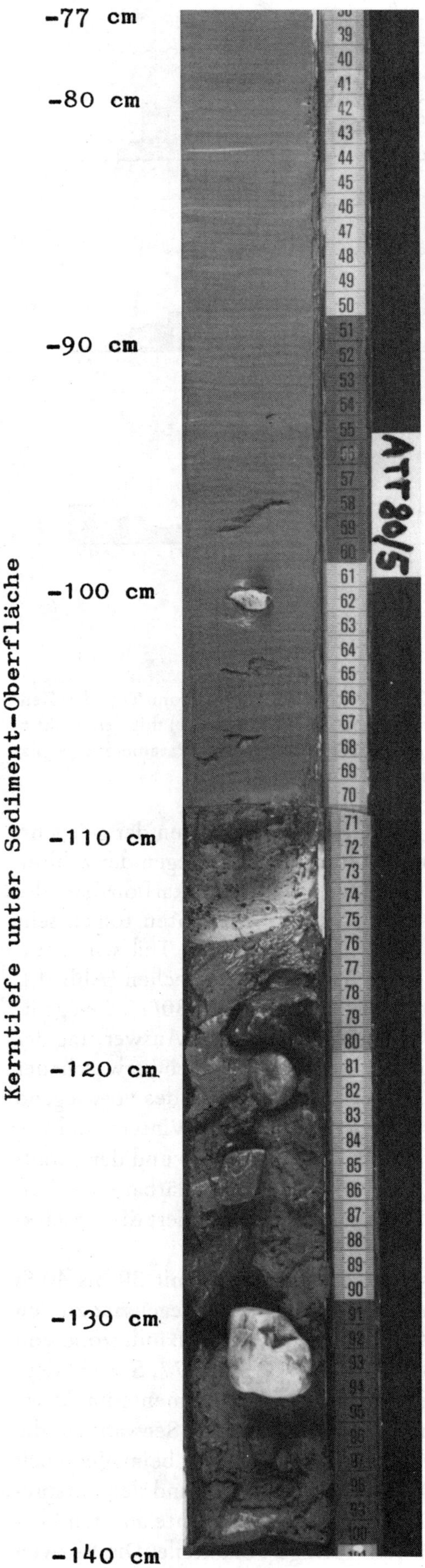

Abb. 14: Ausschnitt aus dem untersten Teil eines Kolbenlotkernes (ATT 80/5 in unmittelbarer Nachbarschaft von ATT 80/1, s. Abb. 11) vom Top der Zentralschwelle von 77 cm bis 140 cm Kerntiefe. Über den Moränen-Schottern (bis 113 cm z.T. mit gekritzten Geschieben, = Dolomite aus den Nördlichen Kalkalpen), die in Tone eingebettet sind, lagern feingebänderte spätglaziale Bänder-Tone. Bei 100–101 cm ist ein drop stone zu erkennen.

nungseffekt durch die Tonminerale ist stark und daher sind die Karbonatgehalte entsprechend gering. Vereinzelte Einschüttungen von grobkörnigeren Dolomit-Sanden bzw. Feinkiesen (Abb. 13, ATT 80/1, 1,42 m Kerntiefe) auf dem Top der Zentralschwelle werden als Einschüttungen von abtauenden Eisschollen gedeutet, welche gröbere Sedimente aus dem Bereich des Kalkalpins bis in die Seemitte transportiert haben und diese Sedimentfracht beim Abtauen verloren haben. Ihre Herkunft aus dem Kalkalpin zeigt sich deutlich an dem kräftig erhöhten Dolomit-Gehalt dieser Lagen.

Ab 13.000 BP beginnt mit der zunehmenden Erwärmung und offensichtlich zunehmender Zulieferung von Nährstoffen die von uns als ,,Attersee-Stadium" bezeichnete Phase der Sedimentation von Seesedimenten, welche den heutigen Verhältnissen mehr oder weniger vergleichbar sind. Dies gilt besonders für die Karbonatgehalte, welche ab der Grenze B (Abb. 12 und 13) deutlich um 20–30 % bis auf 70 % ansteigen. Dies ist vor allem bedingt durch die beginnende epilimnische und benthische biogene Karbonat-Produktion. Die feinkörnigen karbonatreichen Sedimente sind deutlich besser sortiert als die älteren Tone des Eissee-Stadiums (Abb. 12 u. 13). Während der Zeit der Ablagerung dieser Sedimente kommt es ebenfalls gelegentlich zur Ablagerung von drop stones (Dolomit-Stein im Kern ATT 80/1 bei 50 cm, s. Abb. 13).

Der Übergang vom Spät- zum Postglazial) (etwa bei 10.000 BP) vollzieht sich allmählich und kann lithologisch aus den Sedimenten nicht abgelesen werden. Die Sedimentationsraten nehmen gegenüber dem älteren Spätglazial deutlich ab. Aufgrund der Pollenuntersuchungen ist dies sicherlich auf die sich allmählich verdichtende Vegetationsdecke und Waldbedeckung in den Einzugsgebieten zurückzuführen. So liegt die durchschnittliche Sedimentationsrate auf dem westlichen Schelfgebiet (Abb. 11) ab 13.000 BP nur noch bei 0,18 mm/a gegenüber 0,62 mm/a während des Eissee-Stadiums.

5. Die Sedimentationsgeschichte des Postglazials

In den Beckenkernen (Abb. 11, ATT 80/10, ATT 80/9) kann die Häufigkeit der Turbidite und die wechselnde Häufigkeit ihres Auftretens in den Sedimentprofilen als Indikator für die Erosionsintensität in den Liefergebieten herangezogen werden. Erhöhte Turbidit-Vorkommen bei gleichzeitiger Abnahme der Pollenhäufigkeit kann z.B. im Bereich des älteren Atlantikums (ca. 6.500 bis 6.000 BP) und im Zeitraum vor der Rodungsphase (1.200 BP) vermerkt werden (Pollendatierungen durch Doz. Dr. R. Schmidt, Mondsee). Eine detailliertere Auswertung der Sedimentkerne könnte diese Beobachtungen noch genauer belegen. Die mittlere Sedimentationsrate in den Beckenbereichen beiderseits der Zentralschwelle liegt für den Zeitraum der letzten 6.000 Jahre bei 0.7 bis 0.8 mm/a.
Größere Rutschungen, verbunden mit der Einschüttung von Turbiditen, treten bevorzugt vor dem Ostufer auf. Sie sind besonders spektakulär vor dem Delta des Weyregger Baches (Abbildung 15), der vor dem Ort Weyregg in den Attersee mündet. Der Weyregger Bach ist der Hauptlieferant al-

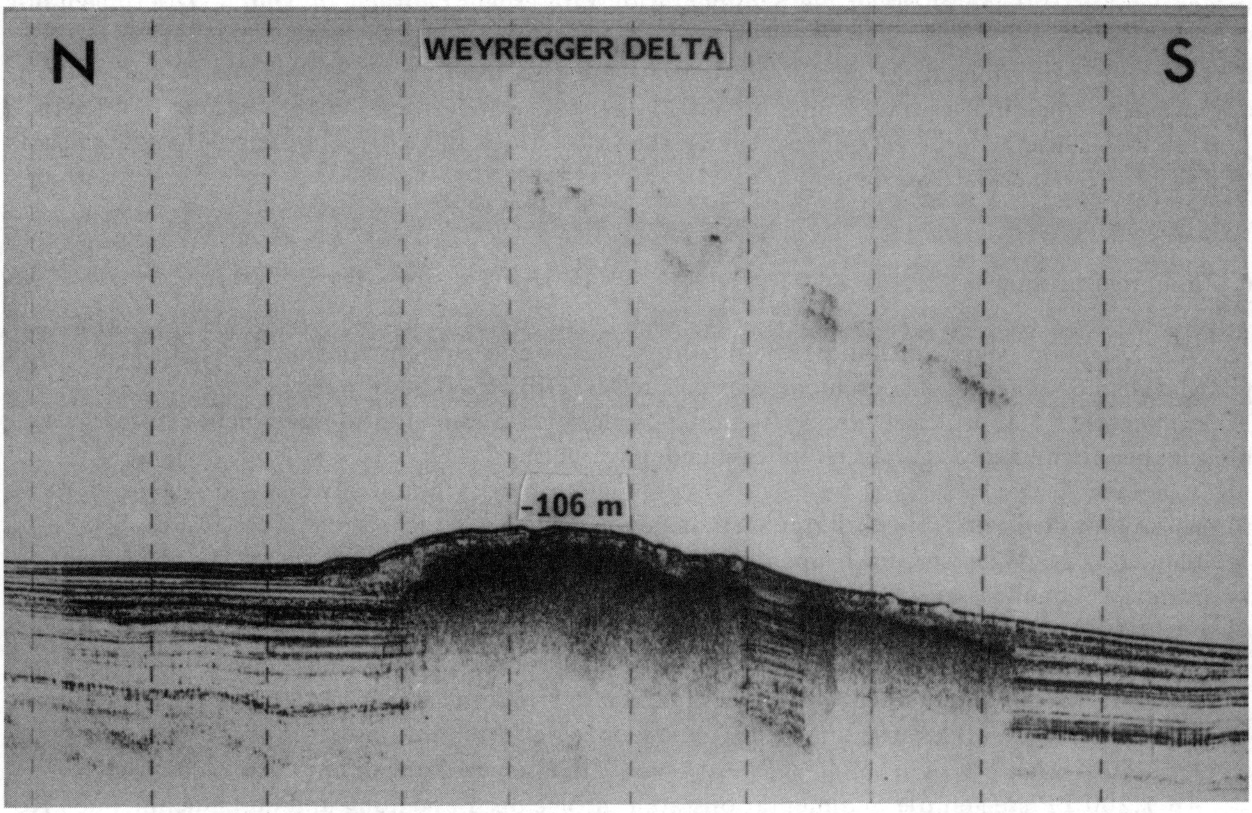

Abb. 15: Sedimentechographisches Längs-Profil (N–S-Profil, ORE, 3,5 kHz) aus der Mitte des Nordbeckens westlich vor dem Weyregger Delta zwischen Weyregg (s. Abb. 2) und dem Ort Attersee. Über die geschichteten Beckensedimente haben sich zwei große schallundurchlässige Rutschmassen gelagert. Zwischen den beiden Rutschmassen sind geschichtete Sedimente zu erkennen.

lochthoner Klastika für das Nordbecken des Attersees. Da dieser Bach bevorzugt Quarz aus den Flyschgebieten liefert, kann dieser als Leitmineral für die Schüttungen in das Nordbecken verwendet werden (CHONDROGIANNI & SCHMIDT 1984). Die Schüttungen von turbidity currents reichen bis über die Beckenmitte nach Westen und jeweils einige km nach Süden bzw. nach Norden. Vor dem Delta des Weyregger Baches kam es wiederholt zu größeren Rutschungen, die bis weit über die Mitte des Nordbeckens nach Westen vorstießen. Die Sedimentechographie (Abbildung 15) zeigt zwischen den beiden großen Hauptrutschkörpern einen akustisch transparenten Bereich, in dem die geschichteten Ablagerungen sichtbar sind, welche demnach auch unter den Rutschmassen hindurchziehen. Diese Trennung der Rutschkörper ist durch eine leichte Schwelle bedingt, welche sich aus dem Profundal des Bordbeckens nach Nordwesten zieht. Diese Schwelle ist auch auf der Abb. 2 deutlich zu erkennen. Eine erste Auswertung der sedimentechographischen Aufzeichnungen (in: CHONDROGIANNI & SCHMIDT 1984) ergab die Existenz von zwei verschieden alten Rutschmassen, welche

über geschichteten Sedimenten liegen. CHONDROGIANNI deutete das Alter dieser Rutschmassen mit aller Vorsicht als atlantisch bzw. subboreal. Endgültige Beweise dafür fehlen leider bisher. Ähnliche Rutschmassen treten im Ostteil des Traunsees auf (s. Abb. 19). Auch dort fehlen Hinweise für das genaue Alter. Da auch im Traunsee die Rutschmassen über geschichteten Sedimenten liegen, handelt es sich im Attersee wie im Traunsee wohl um Rutschungen, welche in niederschlagsreicheren Klima-Perioden ausgelöst wurden, also etwa im frühen Atlantikum bzw. späten Subboreal.
Die in den Sediment-Kernen immer wieder auftretende Grenze C (Abb. 11) basiert auf einem drastischen Anstieg der Nichtbaumpollen und der Kulturpflanzen mit einem entsprechenden Rückgang der Baumpollen. Dies ist auf die 1.200 BP beginnende Besiedlung durch die Bajuvaren mit Klostergründungen (z.B. Mondsee, Mattsee) entsprechender Rodung und Ausbreitung des Ackerbaues zurückzuführen. Gemittelt über die letzten 1.200 Jahre steigt die Sedimentationsrate auf den Schelfgebieten wieder an auf durchschnittlich 0.4 mm/a (s. Abb. 12, Kern ATT 80/14). Dies ist als Effekt der verstärkten Erosion im Hinterland im Gefolge der Rodungen zu deuten.
In den letzten 100 Jahren steigt die Sedimentationsrate erneut deutlich an. Durch Datierungen mit Hilfe von ^{210}Pb und ^{137}Cs sowie durch Schwermetall-Analysen ließ sich eine Sedimentationsrate von bis zu 2 mm/a bestimmen (MÜLLER et al. 1983, BEHBEHANI et al. 1985). Eine so drastische Erhöhung der Sedimentationsrate kann durch die intensiv sich steigernde Bauaktivität der vergangenen Jahrzehnte (Häuser, Uferbefestigungen, Uferstraßen etc.) sowie durch die intensivierte Landwirtschaft (z.B. Tiefpflügen) erklärt werden.

6. Zusammenfassung

Aus dem Attersee liegen vollständige Sedimentprofile für eine Rekonstruktion der spätglazialen und postglazialen Sedimentationsgeschichte vor (s. auch BEHBEHANI et al. 1985).
Es können fünf Hauptphasen der spät- und postglazialen Sedimentationsgeschichte lithostratigraphisch aber auch biostratigraphisch unterschieden werden:

- Würm-Moränen mit z.T. gekritzten Geschieben in glazialen Tonen, älter als ca. 17.000 BP.
- Bänder-Tone (Warwen), nach oben übergehend in nicht mehr deutlich, später gar nicht mehr gebänderte Tone (Eissee-Stadium), von ca. 17.000 BP bis 13.000 BP.
- von 13.000 BP an bis 1.200 BP: Das Attersee-Stadium mit gut entwickelter biogener Entkalkung (dokumentiert durch 20–30% höhere Karbonatgehalte in den Schelfsedimenten). Innerhalb dieses Zeitraumes können noch weitere Zeitmarken durch Pollenanalysen identifiziert werden (z.B. 6.000 BP). In den Beckensedimenten können einzelne Abschnitte mit erhöhter bzw. verringerter Turbidit-Aktivität wahrscheinlich als Folge von Klimaschwankungen unterschieden werden.
- Ab 1.200 BP steigen die Sedimentationsraten infolge der Besiedlung und der zunehmenden Rodungen in Verbindung mit dem beginnenden Ackerbau.
- Während der letzten 100 Jahre steigt die Sedimentationsrate erneut an. Die Sedimentationsgeschichte kann hier detailliert rekonstruiert werden an Hand von Schwermetall- und Isotopen-Untersuchungen.

Diese Zeitskala kann in den älteren Phasen belegt werden durch Pollenanalysen, durch ^{14}C-Datierungen und durch entsprechende sedimentologische und sedimentchemische Daten. Die letzte Phase der vergangenen 100 Jahre kann durch Schwermetall- und Isotopen-Untersuchungen (^{137}Cs, ^{210}Pb) sehr genau datiert werden.
Vergleiche mit anderen Seen des Alpenvorlandes (z.B. MÜLLER & SCHMIDT 1985, MÜLLER et al. 1985) zeigen, daß diese Zeitskala und die lithostratigraphische Gliederung auch in einem weiteren regionalen Rahmen anwendbar ist, um die spät- und postglaziale Geschichte zu rekonstruieren.

II. TRAUNSEE

1. Geographische, morphologische und geologische Situation

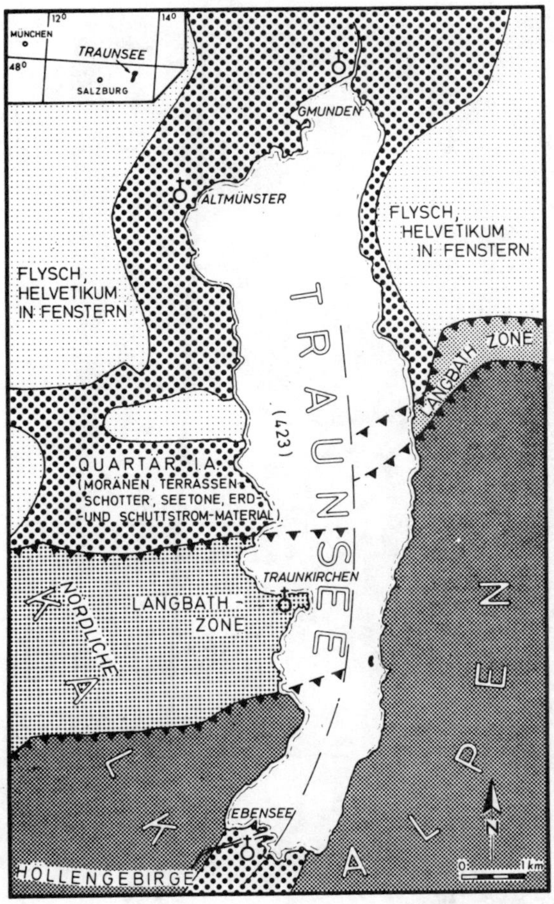

Abb. 16: Schematische geologische Übersichtskarte des Traunsees (aus: BAUMGARTNER 1984).

Der Traunsee liegt ca. 60 km östlich von Salzburg (Abb. 1) am Nordrand der Nördlichen Kalkalpen. Zur limnologischen Situation s. SAMPL et al. (1982) und PECHLANER & SOSSAU (1982).

Die Nord–Süd-Erstreckung des Traunsees folgt einem großen Haupt-Verwerfungs-System, durch welches die Kalkalpen im Osten um ca. 5 km nach Norden (Abb. 16) versetzt wurden.

Das Traunsee-Becken ist zweigegliedert in ein tiefes Südbecken (max. 189 m) und ein flacheres Nordbekken (max. 140 m). Der südliche Teil liegt innerhalb der Nördlichen Kalkalpen, der nördliche Teil wird von Flysch- und Moränengebieten umgeben (Abb. 16). Das Südbecken weist eine weite Profundalebene auf. Das Nordbecken ist morphologisch stärker differenziert und steigt insgesamt allmählich nach Norden zum Ausfluß hin an (Abb. 17).

Die Ausbildung der Uferlinien und der Unterwassermorphologie (Abb. 17) sind im Traunsee also maßgeblich durch die geologische Umrahmung bzw. den geologischen Untergrund bestimmt. So setzen sich die steilen Hänge der Nördlichen Kalkalpen im Südbecken auch unterhalb der Wasserlinie fort. Bei Tauchgängen mit dem Tauchboot GEO (Prof. Dr. Hans Fricke, Seewiesen), wurden z.T. senkrechte Felswände beobachtet, welche nur lokal einen Sedimentschleier tragen. Die unter Wasser auftretenden

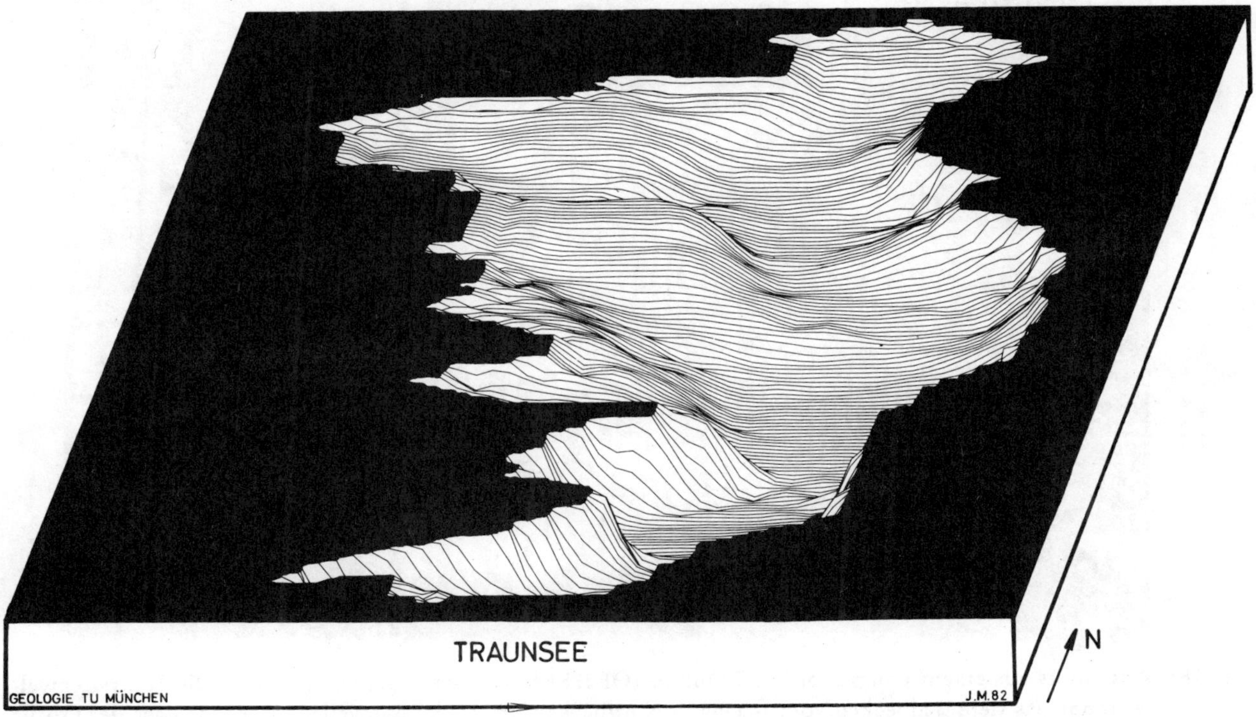

Abb. 17: 3-dimensionale Darstellung des heutigen Traunseebeckens (Computer-graph.). Blick von Süden nach Norden.

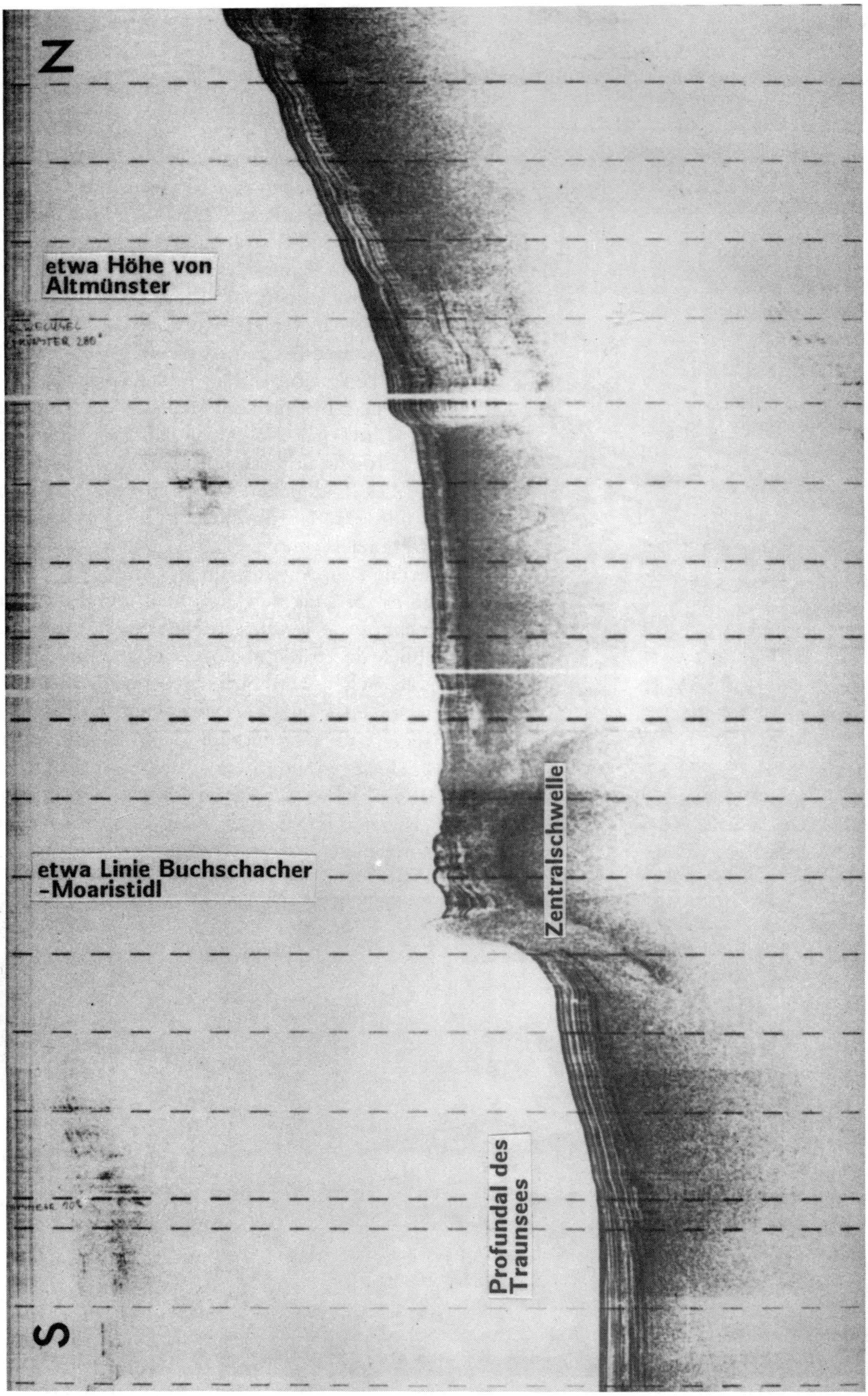

Abb. 18: Ausschnitt aus einem Längs-Profil im Traunsee (ORE-Sedimentechographie, 3,5 kHz.). Die Zentralschwelle trennt das tiefe Südbecken vom flacheren Nordbecken. Höhe der Schwelle: ca. 40 m. Lage des Profils s. Abb. 27 (aus: SCHNEIDER et al. 1984).

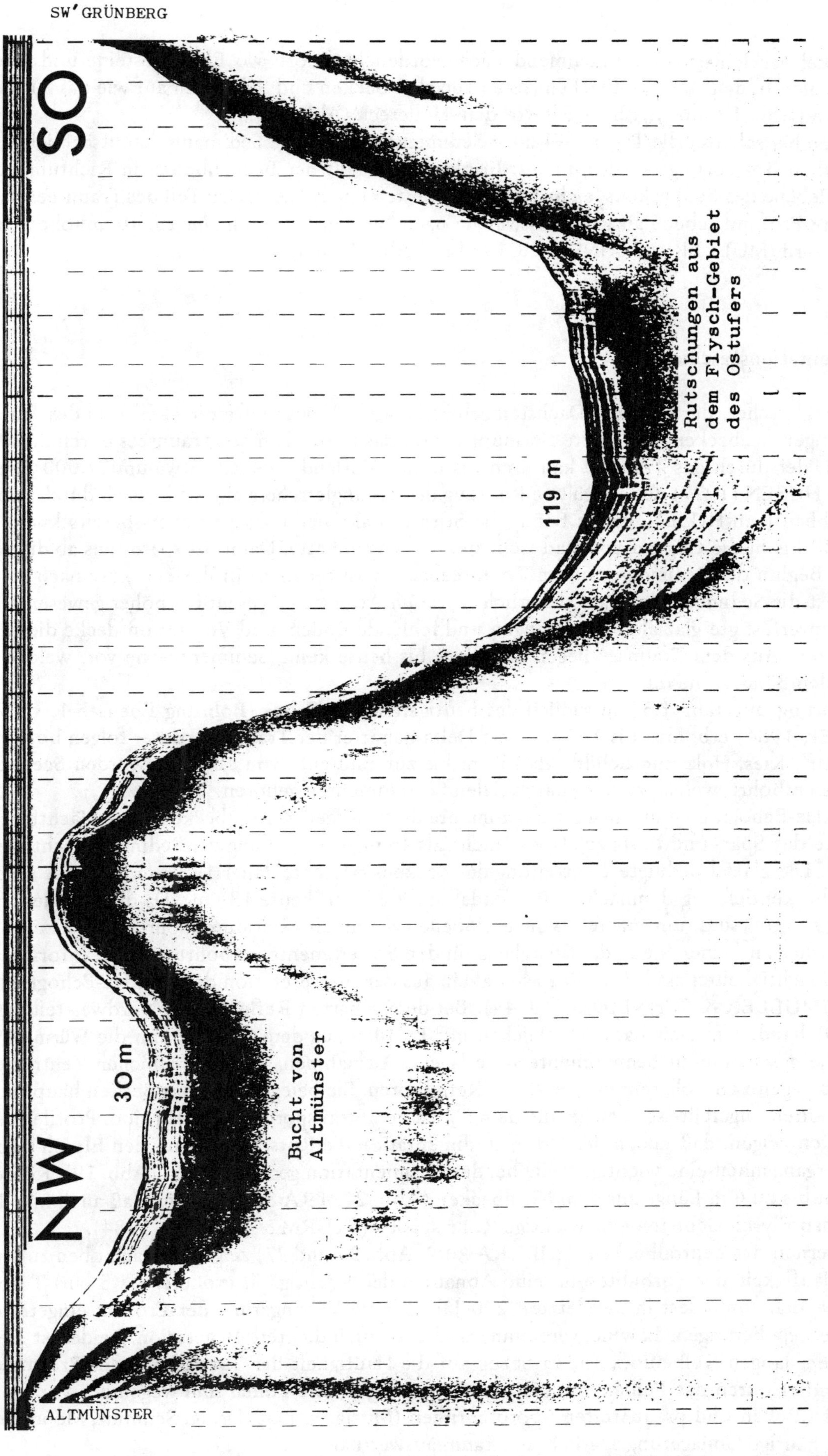

Abb. 19: Querprofil im Nordbecken des Traunsees (ORE-Sedimentechographie, 3,5 kHz.). Lage des Profils s. Abb. 27 (aus: SCHNEIDER et al. 1984).

Hangwinkel verkleinern sich zunehmend nach Norden hin, dort, wo Flyschgesteine und Moränen die Uferlinien bilden. Im Nordbecken treten einzelne Becken und Schwellen auf wie das Altmünsterer Becken (Abb. 19) und die Schwelle vor dem Hollereck (Abb. 17).
Von Süden her schüttet die Traun als Haupt-Sedimentlieferant ihre Sedimente hauptsächlich entlang der östlichen Begrenzung des Profundals. Infolgedessen fällt der Beckenboden in Richtung auf die Profundalebene des Südbeckens leicht nach Nordwesten ein. Im zentralen Teil des Traunsees hat sich eine breite Profundalebene ausgebildet, welche nach Norden zu durch eine ca. 40 m hohe Schwelle begrenzt wird (MÜLLER & SCHNEIDER 1984a, s. Abb. 17 und 18).

2. Sedimentationsgeschichte

Der Traungletscher, der aus dem Dachsteingebiet herabfloß, übertiefte die Hohlform des Traunsees zum heutigen Seebecken. Die letzte Formung erfuhr das Seebecken des Traunsees durch den Würm-Gletscher, der durch das Trauntal kam und bis in das Vorland vorstieß. Etwa um 17.000 BP setzte nach van HUSEN (1977) der endgültige Rückzug des Traungletschers ein, wobei sich durch den rapiden Eisabbau (van HUSEN, dieser Band) die Stirn des aktiven Traungletschers bereits knapp nach 17.000 BP bis in die Gegend von Bad Ischl zurückgezogen hatte. Damit ist spätestens ab dieser Zeit mit dem Beginn der Sedimentation im Traunseebecken zu rechnen. In der Zeit kurz nach dem Eisrückzug ist die Sedimentationsrate sicherlich – wie im Attersee – wesentlich höher gewesen als heute, weil unverfestigte glaziale Ablagerungen und fehlende Boden- und Vegetationsdecke die Erosion begünstigten. Aus dem Traunsee liegen allerdings bis heute keine Sedimentkerne vor, welche bis in die glazialen Bändertone reichen.
Eine Bohrung ungefähr 1,5 km südlich des heutigen Traun-Deltas (Bohrung Ebensee 1, s. BAUMGARTNER 1984) erbohrte bis 155 m Tiefe Delta-Schotter der Traun. Darunter folgen bottom sets mit Schluff, Kies, Holz und Schilf. Ab 167 m bis zur Endteufe von 184,5 m wurden Seetone mit Flußkiesen erbohrt, welche zu den spätglazialen Seesedimenten gehören.
Die 3,5 kHz-Echographie ergab für die Sedimente des heutigen Zentralbeckens eine Mächtigkeit der Sedimente des Spät- und Postglazials von mehr als 45 m (s. Verteilung der Sedimentmächtigkeiten: Abb. 20). Die glazial bedingte Übertiefung des Beckens erreichte daher 190 m ü.N.N. Die ursprüngliche Seebeckentiefe lag demnach im Profundal bei > 235 m (heute 189 m). Da die Sediment-Mächtigkeiten zu groß sind, um mit den konventionellen Kerntechniken durchbohrt werden zu können, konnte bisher an keiner Stelle das Spätglazial in den Seesedimenten erbohrt werden. Informationen über die Mächtigkeiten sind deshalb bisher allein aus der Interpretation der 3,5 kHz-Echographie zu erhalten (MÜLLER & SCHNEIDER 1984a). Bei dem scharfen Reflektor im Nordwestteil des Sees (Abb. 19) handelt es sich nach Vergleichen mit Profilen aus dem Attersee um die Würm-Moräne, welche die geschichteten Seesedimente unterlagert. Aufnahmen aus dem südlichen Zentralbecken zeigen Abfolgen von kohärenten, parallelen Reflektoren. Sie belegen, daß das Becken hauptsächlich mit Turbiditen angefüllt ist, welche aus dem Süden herantransportiert worden sind. Profile aus dem Nordbecken zeigen, daß neben der Normalsedimentation die Rutschungen aus den Flysch-Gebieten in der Vergangenheit eine wichtige Rolle bei der Sedimentation gespielt haben (Abb. 19). Kolbenlotkerne von bis zu 6 m Länge aus dem Nordbecken (Abb. 27, TRA 80/8) zeigen, daß auch hier Turbidite aus den Flysch-Gebieten eine wichtige Rolle spielen (STURM & MÜLLER 1984).
In den Kernen des Zentralbeckens (z.B. TRA 80/9, Abb. 24 und 27) zeigt sich nach oben zu eine geringere Häufigkeit der Turbidite und eine Abnahme der Mächtigkeit größerer (> 5 cm) Turbidite. Dies zeigt, daß zumindest in den letzten 200 Jahren eine Verringerung der Erosion eingetreten ist durch Flußregulierungen, Lawinenverbauung und evtl. auch dichtere Vegetation. Leider ist die Auswertung der langen Kolbenlotkerne in bezug auf die Häufigkeit der Turbidite in den Profundalkernen behindert durch das Fehlen von genauen Datierungen. Die Pollen sind wegen der Vermischung mit älteren Pollen und präquartären Sporomorphen (Mittlg. v. Doz. Dr. R. Schmidt, Mondsee) und durch die häufige Umlagerung spärlich und kaum auswertbar.

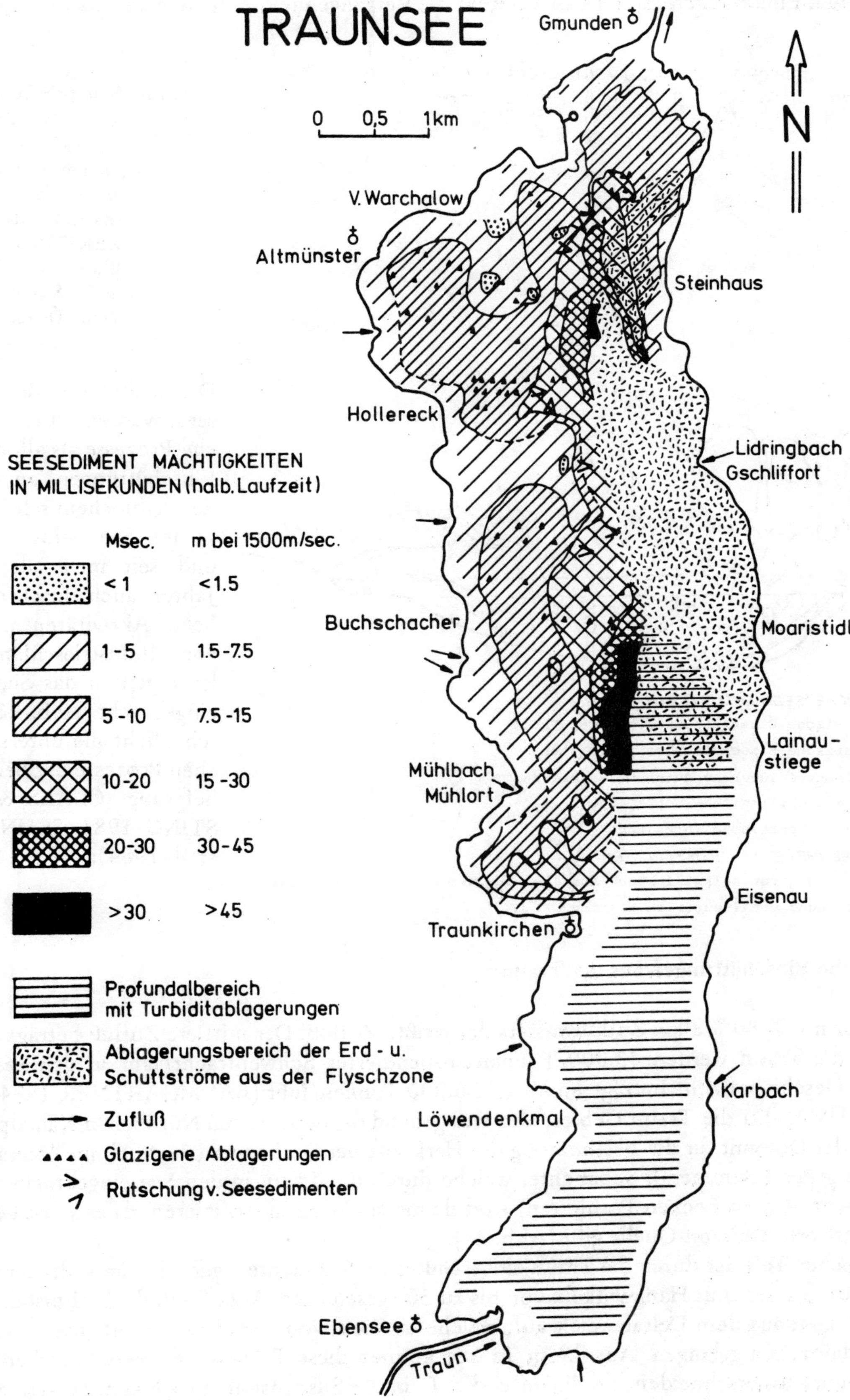

Abb. 20: Karte der Sedimentmächtigkeiten (in Millisekunden), nach den Ergebnissen aus ca. 250 km Meßstreckenfahrten mit einem ORE 3,5 kHz-Sedimentechographen (s. auch MÜLLER & SCHNEIDER 1984 a).

3. Die heutigen Sedimentationsbedingungen

Die heutigen sedimentliefernden Prozesse und die Verteilung der Sedimente sind mit Ausnahme der anthropogenen Einleitungen modellhaft auch für die Vergangenheit in der Seengeschichte des Traunsees.

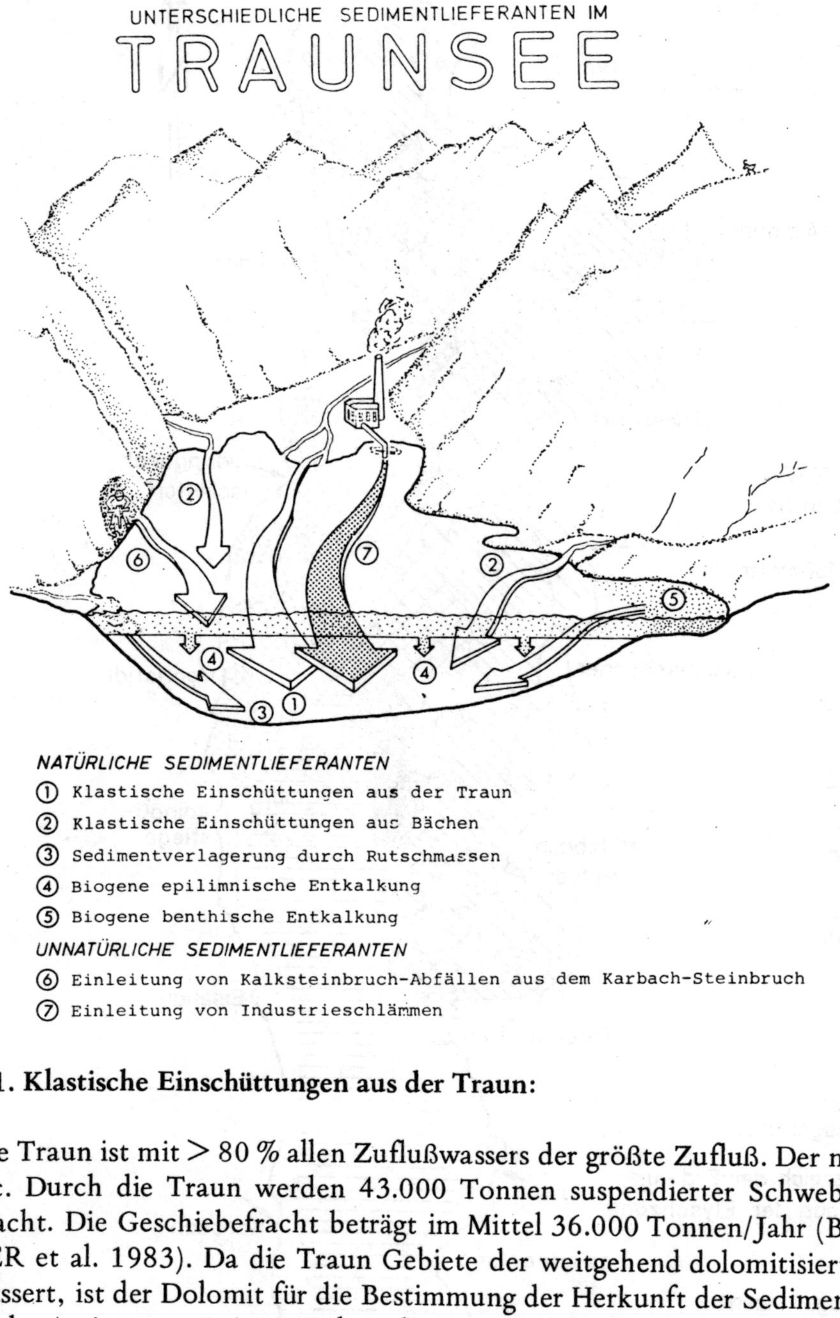

Abb. 21: Synoptische schematische Darstellung der unterschiedlichen Sediment liefernden Prozesse im Traunsee (nach: CLAES & KERSTING 1981). Blick von Norden nach Süden auf das Traun-Delta.

Die Sedimente des Traunsees werden durch natürliche Prozesse als allochthone Einschüttungen angeliefert, durch biochemische Prozesse im See selbst gebildet und seit mehr als fünfzig Jahren auch durch menschliche Aktivitäten in Form von Industrieschlamm-Einleitungen in das Seebecken eingebracht. Abb. 21 veranschaulicht die unterschiedlichen Prozesse der Sedimentlieferung (CLAES & KERSTING 1981, SCHNEIDER et al. 1984):

3.1. Klastische Einschüttungen aus der Traun:

Die Traun ist mit > 80 % allen Zuflußwassers der größte Zufluß. Der mittlere Zufluß beträgt 65 m^3/sec. Durch die Traun werden 43.000 Tonnen suspendierter Schwebfracht/Jahr in den See eingebracht. Die Geschiebefracht beträgt im Mittel 36.000 Tonnen/Jahr (BAUMGARTNER 1984, MÜLLER et al. 1983). Da die Traun Gebiete der weitgehend dolomitisierten Nördlichen Kalkalpen entwässert, ist der Dolomit für die Bestimmung der Herkunft der Sedimente (wie auch im Attersee-Südbecken) ein gutes Leitmineral. Sedimente, welche durch die Traun in den See eingebracht werden (Deltasedimente bis zu Becken-Turbiditen) sind damit leicht zu identifizieren, da es sonst keine andere nennenswerte Dolomit-Quelle gibt (Abb. 22).
Ein wesentlicher Teil der durch die Traun eingeschütteten Sedimente lagert sich im Deltabereich ab. Dabei werden foresets mit Hangwinkeln von bis zu 30° geschüttet (Abb. 23 und 25). Episodisch treten Rutschungen aus dem Deltabereich auf, welche in Form von turbidity currents nach Norden in das Profundalbecken gelangen. Auf ihrem Talweg können diese Trübeströme bereits früher abgelagerte Sedimente unterschneiden, erodieren und z.T. in die Suspension aufnehmen. So sind z.B. auf dem Südost-Hang rote karbonatische Sedimente abgelagert, welche aus dem Bereich der Hierlatzkalke stammen. Rote Lagen am Top einiger Beckenturbidite aus dem Profundal sind auf solche Erosions-

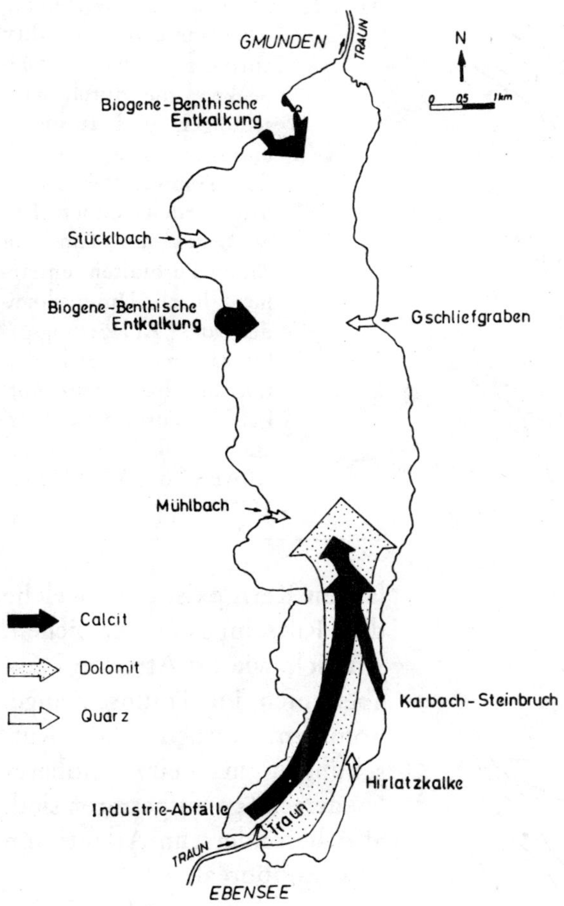

Abb. 22: Schematische Darstellung der Hauptlieferanten von Calcit, Dolomit und Quarz im Traunsee (aus: CLAES & KERSTING 1981).

und Ablagerungsmechanismen zurückzuführen, wie sie in der Abb. 23 schematisch dargestellt sind.

Feinere Korngrößen, die durch die Traun eingeschüttet werden, können durch Oberflächen-Strömungen weiter nach Norden transportiert werden, bevor sie sich ablagern. Wenn das Flußwasser kalt und sedimentbeladen ist, können Sedimente in Form von underflows direkt über das Delta hinaus am Grund entlang bis in das Profundalbecken transportiert werden (s. Abb. 8). Sie lagern sich dort dann als gradierte Sand/Silt-Lagen ab, welche in den Sedimentkernen nicht von Turbiditen unterschieden werden können (STURM & MATTER 1978). Die einzelnen Turbidite erreichen Mächtigkeiten von bis zu 3 cm (STURM & MÜLLER 1984, s. Abb. 24). Die Ausbreitung der turbidity currents und der turbidity underflows wird durch die Beckenmorphologie bestimmt. Einschüttungen aus dem Süden reichen nicht weiter als bis ans Nordende der Profundalebene (Abb. 17 und 22), welche durch eine Zentralschwelle vom Nordbekken getrennt ist (Abb. 18, s. auch MÜLLER & SCHNEIDER 1984 a und STURM & MÜLLER 1984).

3.2. Klastischer Eintrag durch Bäche

Der Sedimenteintrag durch Bäche ist regional begrenzt und erreicht nur kleine Areale. Bedingt durch die unterschiedlichen geologischen Einzugsgebiete können die verschiedenen Liefergebiete an Hand der spezifischen mineralogischen Zusammensetzung der Sedimente identifiziert werden. Häufiges Auftreten von Quarz charakterisiert Flysch-Liefergebiete, während das Auftreten von Dolomit und Calcit Liefergebiete aus den Moränen-Landschaften anzeigen (s. Abb. 22).

3.3. Sedimentumlagerung durch Massenbewegungen

Massenbewegungen sind ein häufiges Phänomen besonders im Bereich der Flysch-Zone mit ihren steilen Hängen im Nordostteil des Traunsees. Diese Rutschungen sind in verschiedenen Zeiten aktiv gewesen bzw. immer noch aktiv, wie z.B. die große Rutschung am Gschliefgraben (BAUMGARTNER 1976, BAUMGARTNER 1984). Dort fand die letzte katastrophale Rutschung 1910 statt, bei der nicht nur Land sondern auch Häuser in den See abrutschten. In sedimentechographischen Aufnahmen und in Sedimentkernen sind solche Rutschungen in den Sedimentabfolgen deutlich nachweisbar. Abb. 19 zeigt ein Beispiel unterhalb des Grünberges im Nordosten des Traunsees. Hier liegen im Seebecken unter deutlich geschichteten Sedimenten Rutschmassen aus Erd- und Schuttströmen, welche von den Hängen abgeglitten sind und bis zur Mitte des Seebeckens reichten. Sie werden von geschichteten Sedimenten unterlagert. Solche Rutschkörper prägen lokal die Oberflächenmorphologie des Seebodens. Sie tragen außerdem bereits seit Beginn des Spätglazials zur Auffüllung des Seebeckens bei. Eine absolute Alterseinstufung dieser Rutschungen ist nicht möglich, da keine sehr

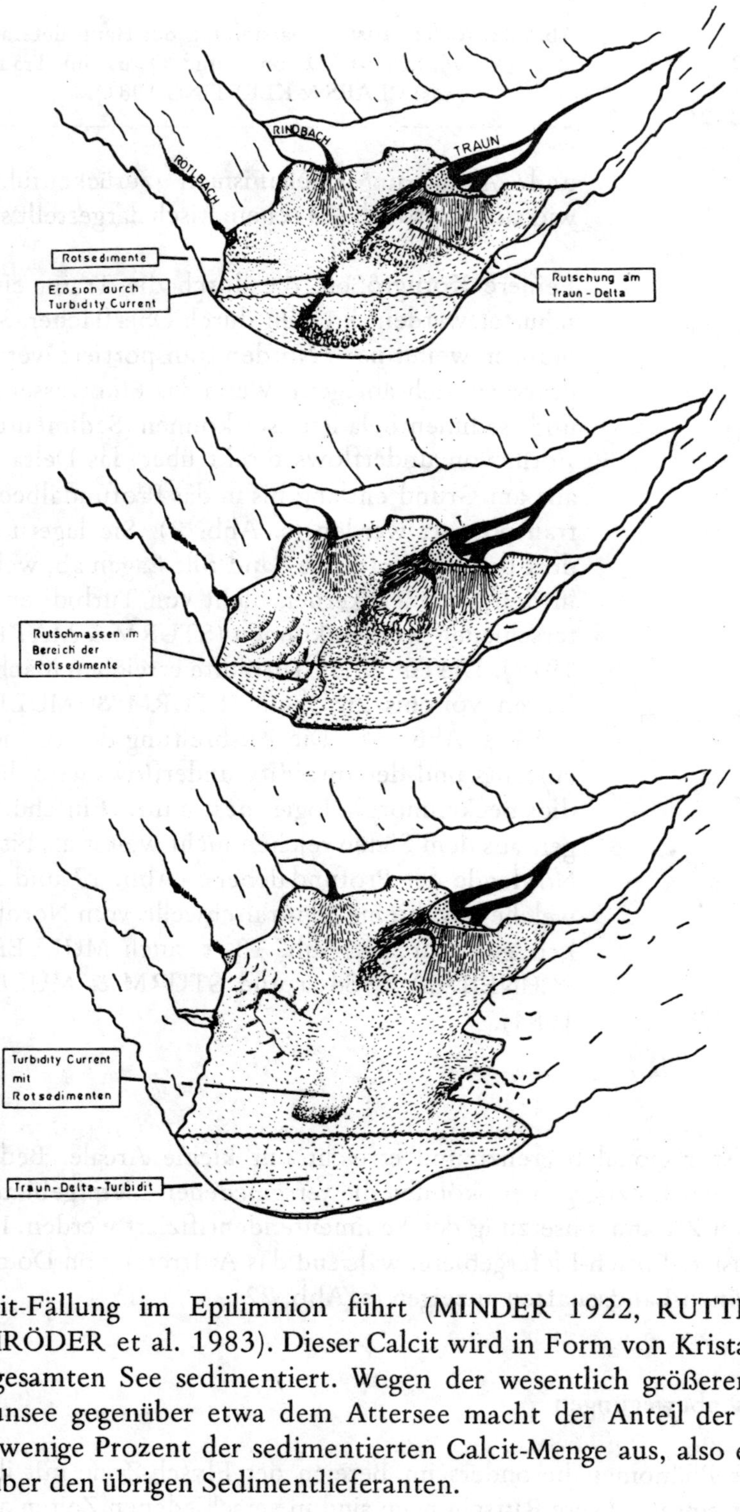

Abb. 23: Schematische Darstellung der Genese von turbidity currents im Traunsee-Südbecken, die durch Rutschungen und turbidity currents aus dem Bereich des Traun-Deltas ausgelöst werden können. Rote Lagen am Top von Traun-Turbiditen entstehen durch Unterschneiden des Ablagerungsgebietes von roten Sedimenten unterhalb eines Rotkalk - Vorkommens (s. auch Abb. 24) (aus: CLAES & KERSTING 1981).

langen Kern existieren, welche die Rutschmassen erreichen. Ähnlich wie im Attersee kann aber auch im Traunsee angenommen werden, daß Rutschungen in Zeiten höherer Niederschläge aufgetreten sind, also besonders im Atlantikum bzw. Subboreal.

3.4. Biogene epilimnische Entkalkung

Die sommerliche Aktivität des Phytoplanktons entzieht dem Wasser Kohlendioxid und Bikarbonat, was zu einem pH-Anstieg und zur Übersättigung in bezug auf $CaCO_3$ und zur Calcit-Fällung im Epilimnion führt (MINDER 1922, RUTTNER 1947, KELTS & HSÜ 1978, SCHRÖDER et al. 1983). Dieser Calcit wird in Form von Kristallen und kleinen Kristall-Aggregaten im gesamten See sedimentiert. Wegen der wesentlich größeren klastischen Sedimentationsrate im Traunsee gegenüber etwa dem Attersee macht der Anteil der epilimnischen biogenen Entkalkung nur wenige Prozent der sedimentierten Calcit-Menge aus, also eine relativ unbedeutende Menge gegenüber den übrigen Sedimentlieferanten.

3.5. Biogene benthische Entkalkung

Im flachen Sublitoral der Haldenbereiche innerhalb der photischen Zone bilden sich Karbonatsedimente aus den Fällungsprodukten von Mikro- und Makrophyten (SCHRÖDER 1982). Entsprechend der Morphologie bilden sich diese Karbonate mit $\geqslant 60\ \%$ Calcit bevorzugt auf den breiten flachen Moränenrücken im Nord- bzw. Nordwestteil des Traunsees. Hier geht der größte Teil der Sedimentationsrate auf das Konto der biogenen benthischen Entkalkung (Abb. 22). Teile dieser Karbonate können aus den Flachschelfbereichen auch in tiefere Beckenbereiche verlagert werden, tragen aber

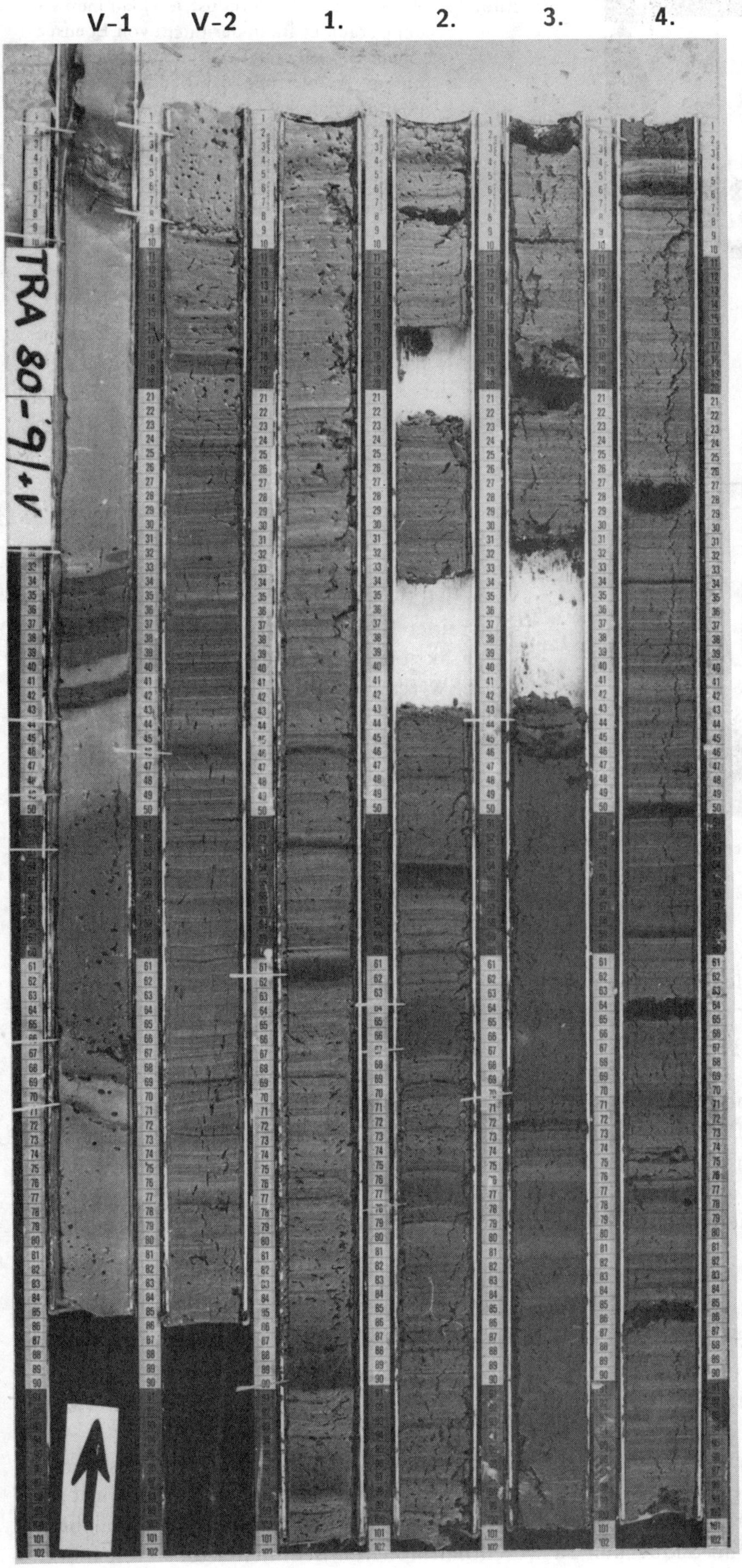

Abb. 24:

Kolbenlotkern (TRA 80/9) aus dem Profundal des Traunsees (189 m Wassertiefe, Lage der Station s. Abb. 27). V – 1/–2 = Vorfallkern mit ungestörter Oberfläche. Top des Kolbenlotkernes bei 1. (links oben), Basis des Kolbenlotkernes bei 4. (rechts unten). Lücken im Kern sind durch Ausdehnung von Methangas nach der Probennahme entstanden. Im Vorfallkern (V–1, V–2) sind die schlierigen Industrieschlamm-Turbidite besonders im Vorfallkern (z. B. V–1, 33–6 cm = oberster IS-Turbidit) deutlich erkennbar. Im tieferen Teil des Kolbenlotkernes (3., rechts unten) sind vom Traun-Delta stammende Turbidite von bis zu 25 cm Mächtigkeit deutlich zu erkennen (z. B. 3.: 70–44 cm). Bei 43/44 cm in 3. und bei 64 cm in 2. liegen auf der Oberfläche der Traun-Turbidite rote karbonatreiche Lagen, deren Genese in Abb. 23 erklärt ist (aus: STURM & MÜLLER 1984).

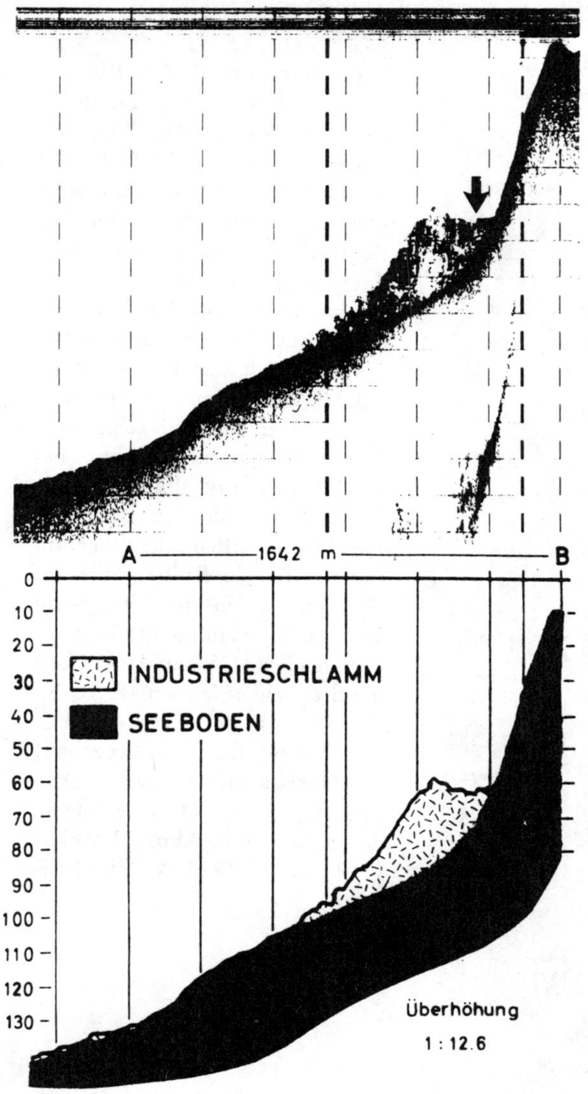

Abb. 25: Akkumulation von Industrieschlämmen vor dem Traun-Delta in der Bucht von Ebensee. Oben: 3,5 kHz ORE-Sedimentechographie, unten: Auswertung der Sedimentechographen-Aufnahme. Das 1,6 km lange Profil verläuft von NE (A) nach SW (B). Der Pfeil markiert eine Verwerfung, die durch Rutschungsvorgänge entstanden ist. Die Hangneigung der foresets des Traun-Deltas beträgt bis zu 30° (aus: MÜLLER & SCHNEIDER 1984b).

wegen der allgemeinen hohen klastischen Sedimentanlieferung nicht wesentlich zur Erhöhung der Sedimentationsrate in den Becken bei.

3.6. Einleitung von Kalksteinbruch-Abfällen

Im Karbach-Steinbruch der Ebenseer Solvay-Werke (ESW) im Südosten des Traunsees wird sehr reiner Kalk (98–99 % $CaCO_3$) abgebaut. Die Fraktion < 1 mm aus den Brecheranlagen der ESW (ca. 12.500 t/a) wird in den See gespült. Diese Einleitung von Calcit ist in den Beckensedimenten durch die sehr hohen Calcit-Gehalte deutlich nachweisbar (Abb. 22).

3.7. Einleitung von Industrieschlämmen

Die Abfallstoffe aus der Soda-Produktion der Solvay-Werke und aus der Solereinigung der Österreichischen Salinen AG werden im Südwesten des Traunsees, in der Ebenseer Bucht, mindestens seit 50 Jahren direkt aus den Werken in den See eingeleitet (MÜLLER & SCHNEIDER 1984b). Der Hauptbestandteil dieser Abfallschlämme ist Calcit (Abb. 22). Wegen der ursprünglichen chemischen Zusammensetzung der Schlämme und der diagenetischen Umlösungen hat der im See sedimentierte Industrieschlamm stark alkalisches Porenwasser (pH-Werte bis 12, s. MÜLLER & SCHNEIDER 1984b). Die Gesamtmenge der Einleitung beträgt z. Zt. ca. 60.000 t/a an Feststoffen. Zum Vergleich: Die Gesamtmenge der durch die Traun angelieferten Geschiebe- und Schwebstoff-Fracht beträgt ca. 80.000 t/a (MÜLLER J. et al. 1983).

In der Ebenseer Bucht akkumulieren sich die Industrieschlämme vor den Delta-foresets der Traun und haben dort inzwischen eine Mächtigkeit von > 40 m erreicht (Abb. 25). Die instabilen Industrieschlämme liegen auf und vor den bis zu 30° geneigten Foresets des Traundeltas und rutschen in kleineren oder größeren Ereignissen diskontinuierlich in die Ebenseer Bucht und in das Traunseebekken ab. Als turbidity currents laufen sie > 6 km weit nach Norden (Abb. 26), wo sie in Form von Turbiditen abgelagert werden. Dort im Profundalbecken wechsellagern sie mit Normalsedimenten, welche den undercurrents und turbidity currents der Traun und des Traundeltas entstammen (Abb. 24 und 27).

Traun-Turbidite aus dem Deltabereich können bei ihrem Talweg gelegentlich den Hang des Berges aus Industrieschlamm unterschneiden und dadurch Trübeströme aus Industrieschlamm auslösen (Abb. 26 unten). Durch diese verschiedenen Mechanismen lagern sich in der weiten Profundalebene sehr mächtige Sedimente ab, die im Südbecken zu wesentlich höheren Sedimentationsraten führen als im Nordbecken.

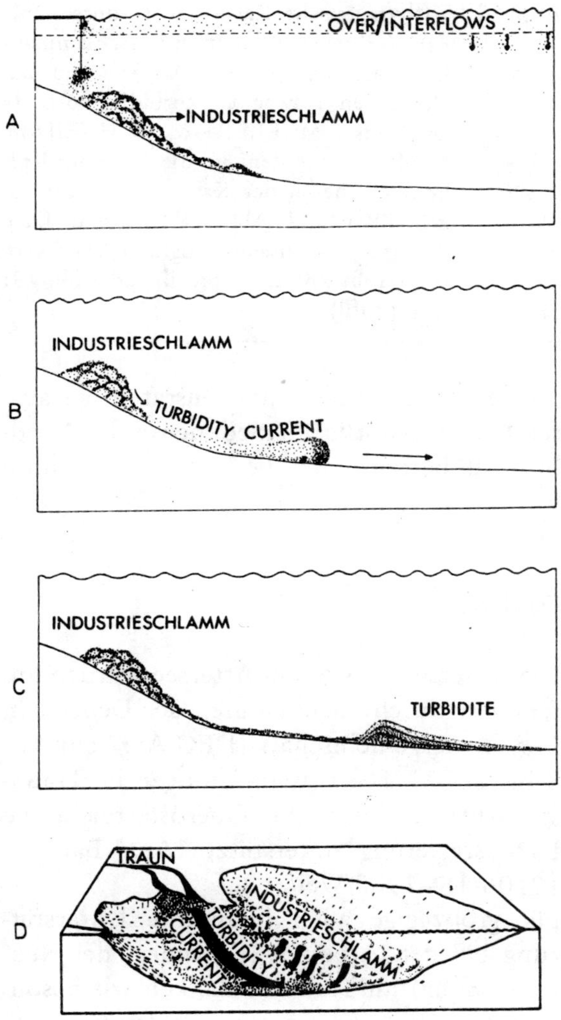

Abb. 26: Modell der Transport-Mechanismen von Industrieschlämmen in das Profundal des Traunsees und zur Auslösung von Rutschungen durch turbidity currents aus dem Bereich des Traun-Deltas (nach: CLAES & KERSTING 1981).

Die Industrieschlamm-Turbidite bedecken etwa 15 % des Seebodens (Abb. 27) und tragen seit den letzten 50 Jahren bis zu 75 % zur gesamten Sedimentationsrate im Profundal bei.
Mit jeder Turbiditschüttung von Industrieschlämmen werden im Ablagerungsgebiet die benthonischen Organismen vernichtet, wie sich aus der Analyse von Sedimentkernen ablesen läßt (LÖFFLER 1983). Die Auswirkungen auf die Ökologie des gesamten Traunsees sind allerdings noch nicht ausreichend untersucht.
Durch die inzwischen (1986, Untersuchungen durch J. MÜLLER) auf über 47 m angewachsene Anhäufung von Industrieschlamm in der Ebenseer Bucht wächst die Gefahr einer Großrutschung aus dem Bereich der übersteilten Industrieschlamm-Akkumulation (einem Areal, in dem episodisch auch Erdbeben auftreten) mit mächtigen Turbiditschüttungen in das zentrale Profundal-Becken, welche zu größeren Schäden führen können (MÜLLER & SCHNEIDER 1984 b, GENNESSAUX et al. 1980).

4. Sedimentationsraten

Die Sedimentationsraten für den Zeitraum der letzten 50–60 Jahre lassen sich für das Profundal auf ca. 2,2 cm/a berechnen. Nach ^{137}Cs-Datierungen von Sedimenten aus Kernen des Nordbeckens, in dem Turbidite weniger häufig sind, liegen dort die Sedimentationsraten in den letzten Jahrzehnten nur bei 0,4 cm/a (STURM & MÜLLER 1984).

5. Zusammenfassung

Die Sedimentation im größten Teil des Traunsee-Südbeckens wird von Rutschungen und rutschungsinduzierten Turbiditen (gradierte Sand/Siltlagen) bestimmt. Dies gilt sowohl für die natürlichen Sedimente als auch für die vor etwa 50–60 Jahren einsetzenden Ablagerungen von Industrieschlämmen. In beiden Fällen erfolgt der Transport der turbidity currents von Süden her in das tiefe zentrale Südbecken. Die Industrieschlamm-Turbidite erreichen heute Mächtigkeiten, wie sie in den natürlichen Sedimenten nur vor mehr als 200 Jahren festgestellt wurden. Die Mächtigkeiten der spät- und postglazialen Sedimente im Südbecken betragen nach Ergebnissen der Sedimentechographie mehr als 45 m. Die Sedimentationsraten im Profundal des Südbeckens betragen im Verlauf der letzten 50 Jahre für die natürlichen Sedimente ca. 0,6 cm/a und für die Industrieschlämme 1,6 cm/a, insgesamt also 2,2 cm/a.
Im Nordbeceken tragen verschiedene sedimentliefernde Prozesse (Rutschungen, turbidity currents, underflows, Bacheintrag, biogene Kalkproduktion) in lokal unterschiedlichem Maß zur Sedimen-

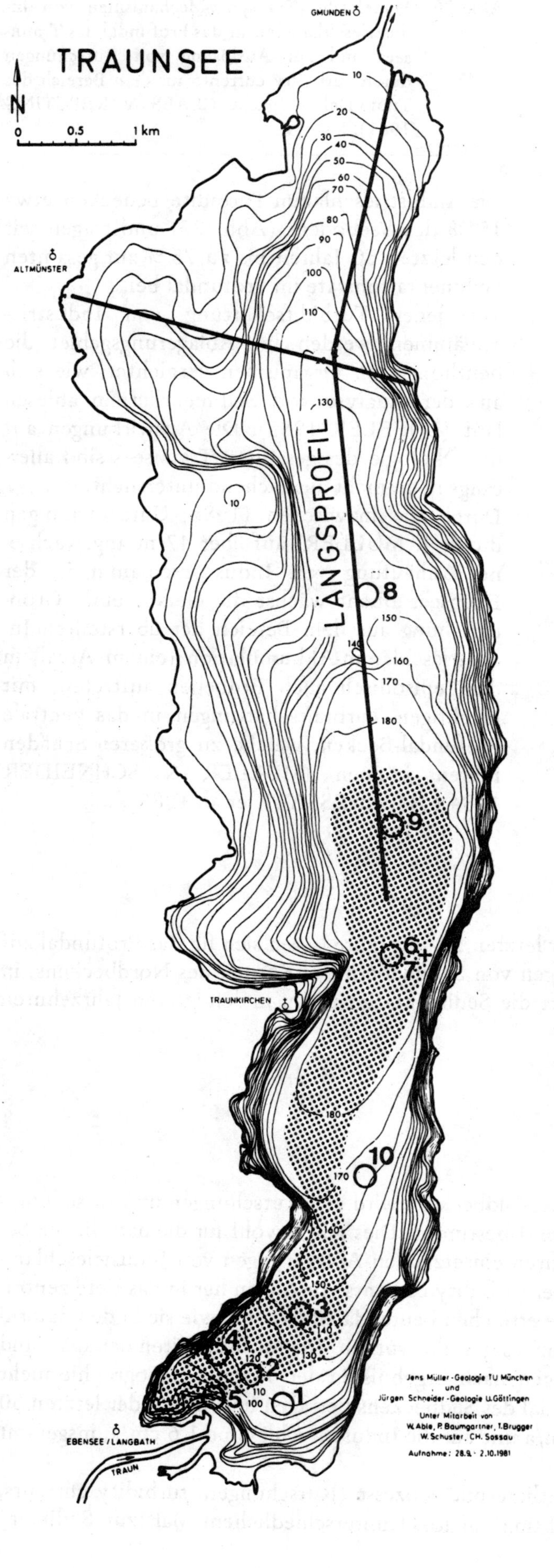

Abb. 27: Bathymetrische Karte des Traunsees mit der Verbreitung der Industrieschlammablagerungen (punktiert). Das Areal gibt zugleich den Talweg der turbidity currents an (aus: MÜLLER & SCHNEIDER 1984b). Außerdem ist die Lage der Kolbenlotkerne in der Karte eingetragen (s. z.B. TRA 80/7, Abb. 24), sowie die Lage der beiden sedimentechographischen Profile (Abb. 18: Längsprofil und Abb. 19: Querprofil).

tation bei. Die Sedimentationsraten der ausschließlich natürlichen Sedimente des Nordbeckens betragen für die letzten Jahrzehnte 0,4 cm/a.

Danksagung

Die Untersuchungen am Attersee wurden unterstützt durch Sachbeihilfen der Deutschen Forschungsgemeinschaft (DFG Az: Schn 16/8 bis 12–1). Die Untersuchungen im Traunsee wurden durch die Oberösterreichische Landesregierung unterstützt (Az.: Bau 2–12106/18–1980/Wei/St.).
Für großzügige auch finanzielle Unterstützung bei den Arbeiten (besonders der Neuvermessung) im Traunsee danken wir besonders der OKA Oberösterr. Kraftwerke AG (Gmunden) sowie der Österr. Salinen AG, den Ebenseer Solvay-Werken, den Marktgemeinden Altmünster, Ebensee, Gmunden und Traunkirchen sowie dem Dienst f. Wildbach- und Lawinenverbauung, Gebietsleitg. Salzkammergut.
Herrn Dr. A. Jagsch (Bundesinst. f. Fischereiwirtsch. Scharfling) danken wir für die Zusammenarbeit, sowie für zahlreiche Informationen und Hilfen. Ebenso danken wir Herrn Doz. Dr. R. Schmidt (Limnolog. Inst. d. Österr. Akad. d. Wiss., Mondsee) für die Zusammenarbeit und seine Hilfen besonders bei den Pollendatierungen der Sedimente.
Wir danken außerdem besonders Herrn Dr. Otto Moog (ÖEP-Labor, Weyregg/Attersee) für viele fachliche und technische Hilfen und für die Gastfreundschaft an diesem Labor.

Literatur

BAUMGARTNER, P., 1976. Die Massenbewegungen im Gschliefgraben (Traunsee, Oberösterreich). – Eine Analyse aus hydrogeologischer und ingenieurgeologischer Sicht. – Diss. Univ. Innsbruck, 124 S.

BAUMGARTNER, P., 1984. Geologische Verhältnisse in der Umgebung des Traunsees. – In: Amt d. O.Ö. Landesregierung (Hrsg.): Limnologische Untersuchungen Traunsee–Traun, **12**:1–9, Linz.

BEHBEHANI, A.R., 1984. Sedimentgeologische Untersuchungen im südlichen Teil des Attersees (Österr. Kt. 1:25.000, Bl. 64/4 Unterach, Salzkammergut, Oberösterreich). – 137 S., unveröff. Dipl.-Arb. Univ. Göttingen.

BEHBEHANI, A.R., CHONDROGIANNI, C., MÜLLER, J., NIESSEN, F., SCHMIDT, H., SCHMIDT, R., SCHNEIDER, J., SCHRÖDER, H.-G., STRACKENBROCK, I., STURM, M. & WINDOLPH, H., 1985. Sediments and sedimentary history of the Attersee. – In: DANIELOPOL, D., SCHMIDT, R. & SCHULTZE, E. (Hrsg.): Contributions to the paleolimnology of the Trumer lakes (Salzburg) and the lakes Mondsee, Attersee and Traunsee (Upper Austria), 149–176, Mondsee.

CHONDROGIANNI, C. & SCHMIDT, H., 1984. Sedimentologische Untersuchungen im Attersee-Nordbekken (Österr. Kt. 1:25.000, Bl. 65/2 Sankt Georgen im Attergau, Salzkammergut, Oberösterreich). – 208 S., unveröff. Dipl.-Arb., Universität Göttingen.

CLAES, M. & KERSTING, G., 1981. Die Sedimente des Traunsees (Österr. Kte. 1:25.000, Bl. 66/2 Gmunden und Bl. 66/4 Ebensee Salzkammergut, Oberösterreich). – 205 S., unveröff. Dipl.-Arb., Univ. Göttingen.

GENNESSAUX, M., MAUFFRET, A. & PAUTOT, G., 1980. Les glissements sous-marins de la pente continentale nicoise et la rupture de cables en mer Ligure (Méditerranee occidentale). – C. R. Acad. Sc., **290**: 959–962.

HÄUSLER, H. & SCHWARZENBÖCK, H., 1970. Geologische Karte 1:50.000, Karte 12. – In: Amt der O.Ö. Landesreg., Abt. Wasserbau – Hydrograph. Dienst, Ing. Konsulent Dr. techn. H. FLÖGL, Dez. 1969 (Hrsg.) Linz.

HUSEN, D. van, 1977: Zur Fazies und Stratigraphie der jungpleistozänen Ablagerungen im Trauntal. – Jb. Geol. B.-A., **120**/1:1–130, Wien.

KANN, E., 1940. Ökologische Untersuchungen an Litoralalgen Ostholsteinischer Seen. – Arch. Hydrobiol., **37**:197–269.

KELTS, K., 1978. Geological and sedimentary evolution of Lakes Zürich and Zug, Switzerland. – 242 S., Diss. ETH Zürich.

KELTS, K. & HSÜ, K.J., 1978. Freshwater Carbonate Sedimentation. – In: LERMAN, A. (Hrsg.): Lakes – Chemistry, Geology, Physics: 295–339 (Springer), Berlin-Heidelberg-New York.

LAMBERT, A., KELTS, K. & MARSHALL, N.F., 1976. Measurements of density underflows from Walensee, Switzerland. – Sedimentology, **23**:87–105.

LÖFFLER, H., 1983. Changes of the benthic fauna of the profundal zone of Traunsee (Austria) due to salt mining activities. – Hydrobiologia, **103**:135–139.

LÖFFLER, H., 1983. Aspects of the history and evolution of Alpine lakes in Austria. – Hydrobiologia, **100**: 143–152.

MINDER, L., 1922. Über biogene Entkalkung im Zürichsee. – Verh. Internat. Ver. theor. u. angew. Limnol., **1**:20–32.

MOOG, O., 1981. Wasserbilanzierung des Ager–Seenketten-Systems: Stand 1980. – Arb. Lab. Weyregg, **5**: 43–50.

MOOG, O. & MEGAY, K., 1982. Attersee. – In: Seenreinhaltung in Österreich – Limnologie Hygiene Maßnahmen Erfolge, Informationsschrift, Wasserwirtschaft, **6**, 1. Aufl., Bundesmin. f. Land-. u. Forstwirtschaft, 164–172, Wien.

MÜLLER, German, DOMINIK, J., SCHRÖDER, H.-G. & SCHNEIDER, J., 1983. Zur Chronologie anthropogener Schwermetalle in den Sedimenten des Attersees (Österreich). – Tschermaks min.-petrogr. Mitt., **31**: 193–206.

MÜLLER, Günter, 1979. Grundlagendaten für Fuschlsee, Mondsee und Attersee sowie das gesamte Einzugsgebiet. – Arb. Lab. Weyregg, **3**:10–14.

MÜLLER, J. & SCHMIDT, R., 1985. Evolution of postglacial sedimentation in an alpine lake (Funtensee, 1601 m, Northern Calcareous Alps). – Z. Gletscherkde. u. Glazialgeol., **21**:51–57.

MÜLLER, J., SCHMIDT, R., SCHMID, A.-M. & FROH, J., 1985. Die postglaziale Entwicklungsgeschichte des Funtensees (palynologische, sedimentologische und paläolimnologische Untersuchung eines Bohrkerns). – In: Nationalparkverwaltung Berchtesgaden (Hrsg.): Nationalpark Berchtesgaden. Der Funtensee, Naturkundliches Portrait eines subalpinen Sees, Forsch. Ber., **7**:67–107.

MÜLLER, J. & SCHNEIDER, J., 1984a. Der Traunsee–Bathymetrie, Morphologie und sedimentäre Untergrundstrukturen. – In: Amt d. O.Ö. Landesregierung (Hrsg.): Traunsee – Geologie, Morphologie, Sedimentologie, Limnologische Untersuchungen Traunsee–Traun, Ber. Nr. **12**:10–96.

MÜLLER, J. & SCHNEIDER, J., 1984b. Die Industrieschlammablagerungen in der Bucht von Ebensee und im Profundal des Traunsees (Oberösterreich). – In: Amt d. O.Ö. Landesregierung (Hrsg.): Limnologische Untersuchung Traunsee–Traun, Ber. Nr. **12a**: 100 S., Linz.

MÜLLER, J., SOSSAU, C. & ZEH, U., 1983. Die Schwebstoffe der Traun und des Traunsees. – In: Amt d. O. Ö. Landesregierung (Hrsg.): Limnologische Untersuchung Traunsee–Traun, Ber. Nr. **11**: 50 S., Linz.

MÜLLNER, J. & SIMONY, F., 1895. Die Seen des Salzkammergutes. – In: PENCK, A. & RICHTER, E. (Hrsg.): Atlas der österreichischen Alpenseen (Hölzel), Wien.

NIESSEN, F., 1981. Sedimentgeologische Untersuchungen vor dem Weißenbach-Delta im Südbecken des Attersees. – 124 S., unveröff. Dipl.-Arb., Univ. Göttingen.

OBENLÜNESCHLOSS, J., 1986. Die Sedimente des Sempacher Sees (Entwicklung vor und nach der

Eutrophierung) – Schweiz. Kt. 1:25.000, Blatt 1129 Sursee, 1130 Hochdorf, Alpenvorland, Schweiz) – 130 S., unveröff. Dipl.-Arb. Univ. Göttingen.

PECHLANER, R. & SOSSAU, C., 1982. Die Ergebnisse der fünfjährigen Studie „Limnologische Untersuchungen Traunsee–Traun". – In: Amt d. O.Ö. Landesregierung (Hrsg.): Limnologische Untersuchung Traunsee–Traun, Ber. Nr. **13**: 234 S., Linz.

RUTTNER, F., 1947. Zur Frage der Karbonatassimilation der Wasserpflanzen, 1. Teil: Die beiden Haupttypen der Kohlenstoffaufnahme. – Österr. Bot. Z., **94**: 265–294.

SAMPL, H., JAGSCH, A. & MEGAY, K., 1982. Traunsee. – In: Bundesmin. f. Land- u. Forstwirtschaft (Hrsg.): Seenreinhaltung in Österreich – Limnologie Hygiene Maßnahmen Erfolge, Informationsschrift, **6d**, Schriftenreihe „Wasserwirtschaft", 132–140, Wien.

SCHADLER, J., 1959. Zur Geologie der Salzkammergutseen. – Schr. Österr. Fischereiverb., **2**:36–54, Salzburg.

SCHÄFER, A., 1973. Zur Entstehung von Seekreide – Untersuchungen am Untersee (Bodensee). – N. Jb. Geol. Paläont. Mh., **4**:216–230.

SCHNEIDER, J., CLAES, M. & KERSTING, G., 1984. Die Sedimente des Traunsees. – In: Amt d. O.Ö. Landesregierung (Hrsg.): Limnologische Untersuchung Traunsee–Traun, Ber. Nr. **12**:11–52.

SCHNEIDER, J. & SCHRÖDER, H.-G., 1980. Calcification des cyanophycées et leur contribution à la genèse des sédiments calcaires. – In: HUMBERT, L. (Hrsg.): Cristallisation – Déformation – Dissolution des carbonates, 17./18. Nov. 1980:421–428, Bordeaux.

SCHNEIDER, J., SCHRÖDER, H.-G. & LE CAMPION-ALSUMARD, T., 1983. Algal micro-reefs – coated grains from freshwater environments. – In: PERYT, T.M. (Hrsg.): Coated Grains: 284–298 (Springer), Berlin-Heidelberg-New York.

SCHÖTTLE, M. & MÜLLER, G., 1968. Recent carbonate sedimentation in the Gnadensee (Lake Constance) Germany. – In: MÜLLER, G. & FRIEDMAN, G.M. (Hrsg.): Recent developments in carbonate sedimentology in Central Europe: 148–156 (Springer), Heidelberg-Berlin-New York.

SCHRÖDER, H.-G., 1982. Biogene benthische Entkalkung als Beitrag zur Genese limnischer Sedimente. Beispiel: Attersee (Salzkammergut, Oberösterreich). – 178 S., Diss., Univ. Göttingen (Selbstdruck).

SCHRÖDER, H.-G., WINDOLPH, H. & SCHNEIDER, J., 1983. Bilanzierung der biogenen Karbonatproduktion eines oligotrophen Sees (Attersee, Salzkammergut – Österreich), Arch. Hydrobiol., **97**:3–17.

STRACKENBROCK, I., 1985. Sedimentgeologische Untersuchungen im mittleren Teil des Attersees. (Österr. Kte. 1:25.000, Bl. 64/4 Unterach, Salzkammergut, Oberösterreich). – 89 S., unveröff. Dipl.-Arb., Univ. Göttingen.

STURM, M., 1968. Geologie der Flyschzone im Westen von Nußdorf/Attersee O.Ö. – Diss. Univ. Wien, 302 S., Wien.

STURM, M., 1984. Suspended particles in lakes. – EAWAG-News, **16/17**:3–6, Dübendorf/Zürich.

STURM, M. & MATTER, A., 1978. Turbidites and varves in Lake Brienz (Switzerland): deposition of clastic detritus by density currents. – In: MATTER, A. & TUCKER, M.E. (Hrsg.): Modern and Ancient Lake Sediments. – Spec. Publ. internat. Ass. Sediment., **2**: 147–168.

STURM, M. & MÜLLER, J., 1984. Die Untersuchung langer Sedimentprofile und die Verbreitung von Turbiditen im Traunsee. – In: Amt d. O.Ö. Landesregierung (Hrsg.): Limnologische Untersuchung Traunsee –Traun, Ber. Nr. **12**:97–131, Linz.

WINDOLPH, H. & SCHNEIDER, J., 1980. Untersuchungen zu den sedimentliefernden Prozessen und zur Sedimentationsgeschichte des Attersees. – In: MOOG, O. (Hrsg.): Arb. Lab. Weyregg, **5**:175–180.